# O que as pessoas estão falando sobre o programa de mentoria matrimonial: "Vivendo *felizes para sempre*"

O enriquecimento qualitativo de um casamento ocorre através de esforço e dedicação. Porém, tendo um coach de casamento ou um mentor trabalhando com você e seu conjugue permite que vocês foquem no que precisa ser feito e atuem em cima disso! O caderno de tarefas-programa de mentoria de Ed e Angie Wright é único e pode transformar seu casamento "morno" ou fracassado em uma troca dinâmica de dois indivíduos cujo casamento não somente é enriquecido, mas também é bem-sucedido.

Vai bem além do simples "Leia meu livro"- frase de muitos autores, este programa investe na interação de mentores e casais. Eu apoio de coração "Vivendo *felizes para sempre*". É um livro vencedor, que trará intimidade para seu casamento, comunicação, crescimento e a bênção de Deus.

    Harold J. Sala, Ph.D , fundador e presidente de *Guidelines International*

Ed e Angie Wright têm uma paixão por casamentos que chega a ser contagioso. Enquanto seu próprio casamento não tem sido perfeito, você vê a linda história de duas pessoas compromissadas com Deus e com eles próprios. Em "Vivendo *felizes para sempre*" eles oferecem excelentes pensamentos em detalhes que transformaram o casamento deles de bom para maravilhoso. Você irá aproveitar essa jornada.

    Shannon Primicerio, autora, palestrante e professora de estudos bíblicos

Eu recomendo "Vivendo *felizes para sempre*" e sugiro que TODOS os casais o utilizem independentemente de quanto tempo estão casados! Ed e Angie abordam as dinâmicas mais importantes para maridos e esposas aprenderem e praticarem. Eles apresentam informações essenciais e construtivas e o fazem de forma interessante, fácil de acompanhar na leitura e mostram a relevância atemporal do tema. Esse manual irá ajudar casamentos, pessoas a glorificarem a Deus através da verdade e obediência na Palavra e ajudar casamentos a se tornarem mais prazerosos da forma como Deus deseja!

    Scott Meacham, M.A.B.S., M.A., PsyD (ABD), Pastor licenciado/Conselheiro certificado

É muito fácil para um conselheiro matrimonial palpitar biblicamente em filosofia secular ou em questões que nunca viveu na realidade. Mas eu tenho observado Ed e Angie e fico impressionado com a fidelidade que eles têm pela Bíblia e a qualidade do casamento deles. Eles praticam o que pregam, e isso tem proporcionado a eles um casamento forte, que os ajuda a auxiliar outros casais a crescerem também.

Clay Jones, D .Min., M.Div., Professor associado de Apologética Cristã, Biola University

Todos nós queremos um casamento cheio de alegria e paz. Esse também é o plano de Deus para o casamento. Nós nos aproximamos desse objetivo quando colocamos Ele no centro de nossa relação matrimonial e usamos a Palavra Dele para nos guiar. Em "Vivendo *felizes para sempre*", Ed, Angie e Kathy Jo têm combinado a Palavra de Deus com exemplos reais e dicas práticas que irão ajudar os nossos casamentos. Eu alegremente recomendo esse manual a qualquer casal que queira caminhar em direção a uma relação que honre mais a Deus.

Tom Atkins, Pastor de casais e grupos pequenos, Igreja Saddleback

"Vivendo *felizes para sempre*" é um livro que você precisa ter, é para todos os casais casados ou que pensam em casar. Esse manual contém ferramentas para guiar casais que querem ser bem-sucedidos e também previne do divórcio. Eu estou empolgado por participar desse material como parte de nosso programa The Crossing e eu clamo para que as outras igrejas façam o mesmo.

Randy Moraitis, MA, BCPC, Pastor executivo do Ministério *The Crossing Church*, Diretor credenciado do conselho pastoral.

**"Vivendo *felizes para sempre*": Guia do mentor**
Copyright © 2012,2015 por Ed Wright.

Todos os direitos reservados. Nenhuma parte desta publicação poderá ser reproduzida, armazenada em sistemas de recuperação ou transmitida de nenhuma forma ou meio – eletrônico, cópia, gravação ou outro.
Dúvidas ou comentários deverão ser enviados para o e-mail angie@marriagebygod.org

Toda a citação bíblica provém da Bíblia Sagrada, *New International Version*, copyright © 1973,1978,1984 por *International Bible Society*.

*Capa fotografada por Gavin Wade Photographers, Orange County, CA. http://gavinwadephoto.com*

Casey e Corey, vocês nos fizeram rir e chorar muito, mas acima de tudo vocês abriram um compartimento em nossos corações que nem nós sabíamos que existia. Não poderíamos amá-los mais que amamos. Estamos orgulhosos de vocês. Que esse livro inspire você a amar sua esposa de uma forma tremenda como o amor de Deus, e que vocês recebam o amor mais rico e abençoado em suas vidas.
— Ed & Angie

Para meu marido e melhor amigo Rich- seu amor incondicional, fé inabalável e infinito apoio e encorajamento inspira minha vida diariamente.
— Kathy Jo

Um agradecimento especial aos casais que conhecemos ao longo desses anos. Tem sido uma honra e privilégio trabalhar com vocês.
— Ed, Angie & Kathy Jo

# Sumário

Introdução ........................................................................................... ix
Sessão I ................................................................................................. 1
   Um inventário de seu casamento ................................................. 3
   Linguagem do amor ........................................................................ 7
   A liberdade do perdão .................................................................. 13
Sessão II ............................................................................................. 19
   Colocando Cristo no centro de seu coração .............................. 20
   Desenvolvendo um casamento com propósito .......................... 31
   Achando a doçura em seu casamento ........................................ 39
Sessão III ........................................................................................... 45
   Diferenças de personalidade ........................................................ 47
   Differenças entre homens e mulheres ........................................ 53
   As linguagens do amor ................................................................ 60
Sessão IV ........................................................................................... 66
   Famílias .......................................................................................... 69
   Comunicação ................................................................................ 75
   Resolvendo conflitos .................................................................... 82
Sessão V ............................................................................................. 88
   Intimidade emocional .................................................................. 91
   Intimidade física ........................................................................... 99
   Protegendo seu casamento do adultério .................................. 109
Sessão VI ......................................................................................... 115

- Finanças .................................................................................................. 116
- Metas de casamento ................................................................................ 131
- Mantendo a chama acesa ........................................................................ 137

Apêndices.................................................................................................. 146
- O que significa ser uma esposa submissa?............................................. 148
- O que significa ser uma marido de Deus?.............................................. 150
- Guia para planejar um encontro com seu conjugue ............................... 152
- As cinco linguagens de amor -para esposas........................................... 153
- As cinco linguagens de amor-para maridos ........................................... 157
- Guia-Linguagens do amor....................................................................... 161
- Regras de discussão ................................................................................ 162
- Dez regras para resolver conflitos........................................................... 163
- Dez formas de ser uma esposa fantástica............................................... 164
- Dez formas de ser um marido fantástico................................................ 165
  - Considerações .................................................................................... 166

# *Introdução*

EM 1999, NOSSOS filhos foram para a faculdade e nos tornamos pais em uma casa vazia, Ed disse que seria uma boa hora para nos envolvermos no ministério da igreja. Isso era maravilhoso em diversas formas, pois mesmo que Ed proferisse a Palavra de Deus, e Jesus como Salvador, ele não mostrava de todo o coração, que tinha deixado Deus ser o Senhor de sua vida. Eu (Angie) havia orado por mais ou menos 18 anos para Ed tomar o lugar de líder na família, com mais seriedade. Eu também orava para que ele se tornasse mais compreensivo com relação ao meu desejo de querer participar mais do ministério de mulheres e estudos bíblicos, pois parecia que meu envolvimento na igreja causava mais problemas do que edificação em nosso casamento. Quando Ed deu essa declaração, eu já havia desistido desse sonho de que ele se envolveria mais na igreja, embora eu sempre falasse a pra Deus que se Ed se envolvesse com tantos dons que ele possuía, Deus poderia usá-lo grandemente.

Então, eu fiquei chocada quando Ed falou para buscarmos mais o ministério. Mas eu não deveria ter ficado. Ed estava mostrando sinais há um tempo de crescimento espiritual por ir a igreja mais regularmente e nos encorajando a batizar em família. Eu estava tão resignada a ideia de que Ed não iria tomar seu posto de líder espiritual mais seriamente que fiquei cega à obra que Deus estava fazendo em seu coração.

Nesse momento já estávamos frequentando a igreja Saddleback em Lake Forest, Califórnia, pastoreada por Dr. Rick Warren. Kathy Jo Stones, nova diretora Pastoral, havia começado um ministério de aconselhamento para noivos.

Um dos maiores desafios era liderar o grupo de mentores da igreja. Quando ela entrou para o staff, os mentores trabalhavam individualmente com cada casal, um mentor para 1 casal. Ela conta:

> Um dia sentei enquanto um dos mentores aconselhava um casal. Embora o mentor fosse intuitivo, ele não era um homem casado nem tinha sido treinado para resolver questões de casais. Após observar a dinâmica eu tive a visão de casais aconselhando outros casais noivos. Eu imaginei os casais casados sendo treinados para aconselharem noivos, estabelecendo relações e usando suas experiências de casal para ajudar.

Com sua paixão por construir casamentos fortes, Kathy Jo criou de forma magistral um programa de aconselhamento para casais em que casais casados cristãos e maduros auxiliassem esses noivos ao longo de 6 semanas. Foi um sucesso imediato. Um número incrível de casais casados queria se tornar mentores de casais noivos.

Nós (Ed e Angie) pensamos que seria legal nos comprometermos com esse ministério juntos, então fomos a uma aula de treinamento que Kathy Jo era a professora. Ela havia juntado material de inúmeras fontes. Por mais legal que fosse o programa o material era meio pesado-cansativo, e confuso. Eles não complementavam o grande programa que ela havia planejado. O Ed tem uma habilidade administrativa ótima, então alguns meses depois ele abordou Kathy Jo e ofereceu nossos serviços para pesquisar e escrever um material adaptado ao formato do programa. Ele teve a visão de fazer algo amigável e resumido, e que fosse de fácil compreensão. Nós lemos, pesquisamos e observamos atentamente tudo que podíamos por um ano para produzir um programa que a igreja Saddleback usava desde 2002. Esse programa hoje é usado por igrejas no mundo todo.

Nós nos envolvemos no ministério no esforço de devolver para Deus tudo que Ele já nos deu, mas rapidamente aprendemos que não podíamos subestimar Deus. Em pouco tempo depois que começamos no Ministério, fomos abençoados de uma forma que nunca havíamos sonhado. Aconselhar outros a viver uma vida de casal centrada em Deus abençoou muito nosso casamento com uma unidade que nunca imaginamos antes. Hoje, nós temos uma relação maravilhosa. Não é perfeita, tem altos e baixos, mais altos do que baixos. Os altos são muito altos e os baixos não tão baixos assim. Os baixos voltam a ser altos em minutos ou horas ao invés de dias. Nós continuamos a crescer todo ano de forma nova e excitante.

Nós também não estamos sozinhos. Os outros mentores de *Marriage by God* vivenciam essa mesma bênção em seus casamentos.

Mal sabíamos que o programa de aconselhamento para noivos seria um começo para o início de uma jornada que Deus nos levaria. Ele nos mostrou que nós oramos pouco e que Deus é muito maior do que imaginamos.

Deus abriu as portas para o nosso programa de noivos se espalhar para Filipinas, China, Índia, Singapura, Nova Zelândia, Argentina e Rússia. Ele nos deu oportunidade de compartilhar princípios de casamento cristão com audiências seculares no TEDx talks em Albany-NY.

Deus também levou Kathy Jo em uma incrível jornada. A paixão dela por aconselhamento- especialmente casais- cresceu durante os seus anos em Saddleback. Para continuar a desenvolver suas habilidades, ela voltou a estudar, para um certificado em Psicologia Clinica com ênfase em casamento e terapia familiar. Em 2007, ela recebeu a licença de terapeuta de família e de casamentos. Atualmente, ela possui um consultório bem-sucedido em Mission Viejo. Trabalhar com casais é a sua paixão e especialidade.

Ao longo dos anos mantivemos contato com Kathy Jo e Rich seu marido. Eles têm sido abençoados com um casamento de 45 anos. Nós sempre falávamos o quanto o plano e propósito de Deus para cada casamento é mais maravilhoso do que sempre imaginamos ser. Ao passo que compartilhávamos convicções que Deus iria manifestar Seu poder em nosso casamento se nos submetêssemos ao plano Dele e a liderança Deçe, começamos a sentir que Deus estava guiando a gente para trabalharmos juntos em um programa parecido. Disso surgiu "Vivendo `Felizes´ para sempre".

Trabalhar juntos nesse projeto tem sido uma das maiores honras e privilégios que podíamos jamais apreciar! Ao longo da leitura do material Kathy Jo compartilha experiências de aconselhamento edificantes (claro, os nomes e os detalhes são confidenciais para proteger a privacidade do casal). Nós compartilhamos algumas das dificuldades reais que tivemos e o poder de Deus para consertar tudo. Nós também passamos para frente algumas das histórias que aprendemos nesses 12 anos de aconselhamento.

## O que esperar

Esse programa personalizado guia você a ensinamentos bíblicos, discussões ótimas, princípios desafiadores e exercícios divertidos. Um casal cristão que completou esse programa e recebeu um treinamento extra irá aconselhar vocês nas próximas 6 sessões. Eles não são mentores perfeitos, muito menos possuem um casamento perfeito. Porém, eles possuem inúmeros anos de experiência por serem um casal casado, e eles já se depararam com muitos problemas parecidos com os seus. Eles têm uma paixão por viver uma vida de casados centrada em Deus e por ajudar outros a fazerem o mesmo. Eles estão envolvidos nesse ministério como um meio de amar a Deus e ao próximo. Seu casal de mentores possui uma meta, não é resolver seus problemas, mas sim equipá-los com as ferramentas necessárias para você resolver seus próprios problemas. Como diz o velho ditado "Dê um peixe a um homem e o alimentará por um dia; ensine o homem a pescar e o alimentará para toda a vida".

Ao começar a usar o caderno de tarefas, por favor, lembre-se que quanto mais honesto e aberto for mais respostas você terá. O esforço que investir nesse programa voltará para você de uma forma muito maior e melhor!

Por favor, complete a lição de cada sessão antes de se encontrarem. Por favor, preencha o caderno de tarefas-workbook- individualmente de seu conjugue e não discuta sobre o capítulo ou respostas com ninguém antes da sua sessão.

Aqui vão algumas sugestões que te proporcionarão uma experiência mais proveitosa e agradável:

- Seja pontual- chegue na hora.
- Vá para suas sessões com uma mente aberta e positiva.
- Vá preparado para estar na sessão por 2 horas.

Pesquisas mostram que as pessoas mais felizes do mundo são casadas, mas infelizmente, as pessoas mais tristes no mundo são também as casadas. O objetivo é levar vocês em uma jornada para se tornarem um dos casais mais felizes. Como pode ver, as apostas são altas e o objetivo é grandioso, mas nós queremos que vocês entendam o que é ser *felizes para sempre*!

# Sessão I

Capítulo 1 □  Um inventário de seu casamento

Capítulo 2 □  Linguagem do amor

Capítulo 3 □  A liberdade do perdão

# CAPÍTULO 1

## Um inventário de seu casamento

*Portanto deixará o homem o seu pai e a sua
mãe, e apegar-se-á à sua mulher, e serão ambos
uma carne.—Gênesis 2:24*

EM 1978 ANGIE E EU (Ed) andávamos pelo altar em êxtase para começarmos nosso *felizes para sempre*. Angie tinha 19 anos apenas e eu vinte seis. Embora nos considerássemos cristãos -nós dois reconhecíamos Deus como criador e Cristo como Salvador- nenhum de nós realmente sabia o que era se entregar inteiramente e deixar Deus ser o Senhor de nossas vidas. Nós dois sentíamos um compromisso em vivermos da melhor forma possível uma vida moralmente correta. Angie sentia-se atraída a viver a vida "de uma maneira cristã", ir à igreja todo domingo. Eu sentia que já que eu tinha que trabalhar nos fins de semana ela supriria a parte espiritual da família na maior parte do tempo.

Começamos nossa vida de casados e poucos nós depois começamos nossa família. Nosso filho mais velho, Casey, nasceu em 1981 em seguida seu irmão mais novo, Corey, treze meses depois. Ao invés de voltar a trabalhar integralmente depois que nosso segundo filho nasceu, Angie trabalhava junto a mim em nosso negócio imobiliário. O estresse crescia na família assim como na nossa relação. Nós aprendemos a fazer as coisas funcionarem, mas ao invés de parecermos marido e mulher, parecíamos colegas de quarto. As coisas não eram horríveis, elas simplesmente eram menos do que havíamos esperado.

Antes de casarmos, passamos por aconselhamento de noivos, com um mentor que era pastor mas não era casado, ele ensinava uma turma de noivos. Aprendemos algumas coisas, mas não estávamos propriamente equipados com as ferramentas ideais para usar em nossa vida de casados. A maioria dos casamentos vão de "Eu aceito" para "O que faço agora"? Nós nos amávamos muito ainda, mas não tínhamos ideia de como viver a vida de casados que um dia havíamos sonhado.

Se você se identifica com isso então o programa é para você. Iremos te levar a uma jornada para adquirir ferramentas tão maravilhosas, que irão te ajudar a viver o que Deus quer que você viva em seu casamento.

Vamos começar com alguns conceitos fundamentais.

Desde o início Deus queria um marido e uma esposa para serem um. Genesis 2:24 afirma, "Portanto deixará o homem o seu pai e a sua mãe, e apegar-se-á à sua mulher, e serão *ambos uma só carne*." (ênfase adicionada). A palavra em hebraico-*Uma só /unidos dabaq*, significa "aderir a, agarrar, manter junto" (como cola). Então podemos considerar que casamento é "estarem colados em uma só carne." E como Jesus afirma de forma firme "Portanto o que Deus juntou não separe o homem." (Marcos 10;9) Isso soa bem permanente"

Afim de que um marido e uma esposa permaneçam unidos como cola em uma só carne, do jeito de Deus, eles devem se submeter a liderança do Espírito Santo em seu relacionamento. O Espírito Santo é a cola que os une. Se isso é difícil de entender, tente pensar: " 'Por esta razão, um homem irá deixar sua parentela e se unir a sua esposa, e ambos se tornarão uma só carne.' Grande é este mistério" (Efésios5; 31-32). A intenção de Deus para a relação marido e mulher é a unidade exclusiva, diferente de qualquer outro relacionamento terreno. Esse é um mistério que só pode ser cumprido quando Deus une o casal que é submetido ao Espírito Santo.

Uma das ideias fundamentais que diferencia um casamento secular de um casamento centrado em Deus é que um casamento centrado em Deus assume a união de três: Deus, marido, e esposa. Eclesiastes 4:12 fala, "E, se alguém prevalecer contra um, os dois lhe resistirão; e o cordão de três dobras não se quebra tão depressa." Uma corda ou trança parece ter duas partes apenas, mas é impossível fazer uma trança apenas com duas partes. Se somente duas partes estão enroladas, a trança rapidamente é desfeita. Aqui está o mistério: O que parece ter somente 2 partes, necessita de uma terceira. A terceira parte, embora não visualmente notada logo de cara, faz com que a trança permaneça.

Em um casamento cristão, a presença de Deus, assim como a terceira parte na trança, segura o marido e a esposa juntos como casal. Um dos passos principais em criar um casamento forte é colocar Deus como líder. Nós nos submetemos a Deus para Ele ser nosso Senhor em nosso casamento. De uma forma prática, nós reconhecemos a necessidade de ter Deus no controle de todas as nossas decisões, dirigindo e liderando casa aspecto de nossas vidas.

---

Por favor, responda todas as questões seguintes independente de seu conjugue. Não compare as respostas até se encontrarem.

1. Em uma escala de 1 a 10 (10 sendo a melhor nota), qual nota daria ao seu casamento?

*A intenção de Deus para a relação marido e mulher é a unidade exclusiva, diferente de qualquer outro relacionamento terreno.*

2. O esforço que você investiu em seu namoro é maior do que o esforço investido em seu casamento?

3. O que você gostaria de ver Deus realizar através desse programa de mentoria? Seja específico

4. Como se sente em relação ao divórcio?

5. Em uma escala de 1 a 10, avalie sua compatibilidade nas 7 áreas abaixo

    1 = não compatível
    10 = extremamente compatível

| área | avaliação |
|---|---|
| Divertimento | |
| Amizade | |
| Finanças | |
| Familia | |
| Perdão | |
| Futuro | |
| Fé | |

## Capítulo 2

# Linguagens do amor

*Deus é amor—1 João 4:8*

Jamais nos esqueceremos uma conversa há anos atrás em um jantar com outros 2 casais casados. Ed compartilhou sobre um estudo que ele havia lido que concluiu que beijar sua esposa na hora de dar "tchauzinho" toda manhã e dizer a ela que a ama, não somente faz seu casamento ser melhor como também você viverá mais 5 anos e ganhará 20% mais dinheiro do que aqueles que não fazem isso. Se o estudo tinha ou não algum mérito não importa pois levou a uma boa conversa nessa tarde. Eu (Angie) comecei a falar que Ed era muito bom em me beijar toda manhã, até quando ele saía as 5:30 para o jogo de basquete. Eu também disse que ele era o melhor em falar "eu te amo" para mim ao longo do dia. Então Karen disse que o marido dela Dan também era bom em beijar na hora de se despedir e também na hora de falar que a amava. Nesse momento Lisa disse tristemente ao seu marido Rob, "Rob, você nunca me diz que me ama." Rob olhou para Lisa e disse, "Eu disse que te amava antes de nos casarmos. Se em algum momento eu mudar de ideia eu te aviso." Nós todos rimos- todos nós, menos Lisa. O fracasso de Rob em comunicar o amor dele a sua esposa levou a uma mágoa profunda em Lisa.

"Amo", uma palavrinha tão simples que impacta de forma tão profunda o casamento, deve ser dita ou expressa por ações diariamente. Quando vocês dois se juntarem no dia do casamento, suas famílias e amigos poderão ver facilmente que estão amando. Entretanto, o amor é difícil de definir, possivelmente porque há vários tipos de amor, mas somente uma única palavra. Nós dizemos que amamos nosso conjugue, amamos nossos filhos, amamos nosso carro e amamos sorvete. Nós usamos a mesma palavra "amo" em todos esses exemplos, mas com significados distintos. Para nos ajudar a diferenciar, nós utilizaremos três palavras do grego antigo para amor: Eros, filos, ágape.

*Eros* é romântico, sensual ou sexual. Em um casamento sexualmente satisfatório, um marido e uma esposa irão ser fisicamente atraídos um pelo outro e amar cada um de forma romântica. Eros é a raiz da palavra *erótico* que significa "fomentar desejo sexual."

*Filia* é o amor fraternal. A amizade significa companheirismo, comunicação e cooperação. Esse tipo de amor nós sentimos por nossos amigos. A cidade do amor fraternal – Filadélfia, possui esse nome por causa desse significado. Conjugues devem ser melhores amigos.

*Ágape* é um amor comprometido integralmente. O amor de Deus por nós é ágape. O amor Dele é sacrificial, incondicional, perdoador e eterno. No casamento, o amor ágape não é algo que simplesmente ocorre. É necessário compromisso integral em querer sempre o melhor para seu conjugue. O amor ágape permanece doando- é totalmente altruísta. Esse tipo de amor não é apenas um sentimento, mas uma ação do desejo. No casamento esse amor nos manda renunciar às nossas vontades e colocas as vontades do conjugue em primeiro.

O objetivo para um casamento pleno é manter forte todos os três tipos de amor. A unidade que Deus desejou para os casais é um produto que provém de eros, filia, ágape, o amor trabalhando continuamente na relação. Nos capítulos seguintes, veremos de perto o conteúdo sobre eros e filia. Nesse capítulo iremos ver como o amor ágape se expressa no casamento e como é o modelo de amor que Deus deseja para nós.

O amor ágape, ou amor altruísta, geralmente anda ao contrário do egoísmo, natureza pecaminosa. Em nosso casamento ou em outras relações, nós queremos nossas necessidades atendidas. Nós queremos sentir bem com relação a nós mesmos e proteger nossos direitos. Isso é o contrário do plano de Deus. Ele quer que nos coloquemos de lado e O coloque em primeiro e os outros em segundo. Quando questionado sobre qual mandamento era o maior, Jesus respondeu, " Amarás, pois, ao Senhor teu Deus de todo o teu coração, e de toda a tua alma, e de todo o teu

*Se você olhar para seu conjugue através de Deus, você o verá de forma diferente.*

entendimento, e de todas as tuas forças; este é o primeiro mandamento. E o segundo, semelhante a este, é: Amarás o teu próximo como a ti mesmo. Não há outro mandamento maior do que estes." (Marcos 12;30-31). Quando nós seguimos este mandamento e amamos os outros desta forma, nós glorificamos a Deus.

Para amar outros, nós precisamos receber e viver o amor de Deus por nós. Quando sabemos o quanto Deus nos ama, conseguimos amar outras pessoas de forma completa. 1João 4;7-8 diz, "Amados, amemo-nos uns aos outros; porque o amor é de Deus; e qualquer que ama é nascido de Deus e conhece a Deus. Aquele que não ama não conhece a Deus; porque Deus **é amor.**" Deus é amor! Amor não é apenas uma emoção que deus criou mas sim a essência total de Deus! Enquanto medita no amor de Deus por você, reflita sobre o amor Dele por seu conjugue. Se você olhar para seu conjugue com os olhos de Deus, você verá ele/ela de forma diferente.

Se o amor em seu casamento está tenso ou ausente, vá para a fonte de amor: Deus. Fale com Ele em oração e leia a carta de amor Dele para você. O antigo testamento conta a história do fiel amor de Deus por Israel, mesmo quando o rejeitaram ou abandonaram. Isaías 43;25 diz, "Eu, eu mesmo, sou o que apago as tuas transgressões por amor de mim, e dos teus pecados não me lembro. " Esse é o amor que Deus tem por nós e quer que tenhamos por nossos conjugues. I.Pedro 4;8 "Mas, sobretudo, tende ardente amor uns para com os outros; porque o amor cobrirá a multidão de pecados. " Deus nos vê errar repetidamente, mesmo assim Ele nunca é impaciente ou grosseiro. Deus vê nossos erros, mas Ele não os grava. O amor Dele é duradouro e o perdão é infinito. Deus nunca desiste de nós e Ele quer que amemos nosso conjugue da mesma forma.

Lembre-se, ágape não é um sentimento, mas um ato de vontade própria. Escolha agir amavelmente, em obediência a Deus e seus mandamentos, mesmo quando você não se *sentir* amável para com o seu conjugue.

Romanos 5;3-5 diz, "E não somente isto, mas também nos gloriamos nas tribulações; sabendo que a tribulação produz a paciência, E a paciência a experiência, e a experiência a esperança. E a esperança não traz confusão, porquanto o amor de Deus está derramado em nossos corações pelo Espírito Santo que nos foi dado." Quando você tem dificuldade de amar seu conjugue, peça para Deus para que Ele te encha de amor. Mesmo que seu conjugue não corresponda essa sua atitude,

*Deus nunca desiste de nós e Ele quer que amemos nosso conjugue da mesma forma.*

você irá se aprofundar em uma relação com Deus através da obediência.

Um sábado a noite, Eu (Angie) estava zangada com Ed por uma discussão que tivemos que me deixou chateada e resolvi ir à igreja. Nesse momento, minha forma de lidar com mágoa era me isolar, e eu estava no 2º dia de dar uma fria em Ed. O autor lee Strobel (The Case for Christ) era o convidado preletor na igreja aquele dia. Também era o 20º aniversário de casamento dele. Enquanto estava sentada, ele começou a falar de amor e casamento. Não era exatamente o que queria ouvir. Ele compartilhou que de presente de aniversário deles, ele fez uma lista de Top 10 coisas que ele mais gostava na esposa. Enquanto eu estava lá sentada, eu comecei a pensar em todas as coisas que eu amava no Ed. Facilmente, pensei em 10 coisas. Deus começou a amolecer meu coração. A mágoa e a ferida se dissiparam. Então comecei a pensar em 100 coisas que eu amava em Ed. Nos dias que se seguiram, eu adicionava a lista outros itens. No final da semana eu mostrei para o Ed. Quando ele começou a ler, ele deu um grande sorriso. AO continuar a ler, sua expressão facial amoleceu. Quando terminou a leitura, meu marido grande e forte tinha uma lágrima calmamente escorrendo pela sua face. Ele estava realmente comovido.

Eu aprendi uma lição valiosa naquela noite. Nossas emoções refletem no que nós escolhemos focar. Quando foquei na minha mágoa, eu me senti machucada. Quando eu foquei no meu amor por ele, eu me senti cheia do amor de Deus. Eu prometi naquele dia a focar em amar os outros, especialmente o Ed, ao invés de me concentrar em mim e nas minhas expectativas frustradas.

Durante o ano seguinte, Ed me deu uma lista parecida, nós demos aos nossos filhos também e eles também nos deram uma lista. Ao longo dos anos nós compartilhamos essa história com outros que também fizeram essa lista e obtiveram resultados incríveis. Elas são uma ferramenta poderosa de expressar seu amor. Também são boas para quando se está perdendo aquele sentimento de amor.

Um outro modo de reavivar o amor no casamento é refletir novamente sobre, como, onde e porque você se apaixonou pelo seu conjugue. Se possível, reviva um momento que saíram. Relembrem a primeira vez que disseram "eu te amo". Coloquem o mesmo tempo, foco e atenção em seu casamento assim como fazia na época de namorados.

Amor ágape é diferente das formas de amor que o mundo oferece. O amor secular sugere que cada conjuge dê 50/50. EM outras palavras, um amor igual- dar somente a quantidade de amor que receber. Amor ágape diz para dar 100%. Deus deseja que ambos marido e esposa deem 100%. Porém, já vimos casos quando apenas um dos conjugues, inteiramente comprometido com o amor ágape de Deus, foi suficiente para mudar o curso da relação.

Deus, lindamente ilustra o amor Dele e nos dá o modelo para como nós devemos amar nosso conjugue:

> O amor é sofredor, é benigno; o amor não é invejoso; o amor não trata com leviandade, não se ensoberbece. Não se porta com indecência, não busca os seus interesses, não se irrita, não suspeita mal; Não folga com a injustiça, mas folga com a verdade; Tudo sofre, tudo crê, tudo espera, tudo suporta. O amor nunca falha.
>
> —1 Coríntios 13:4–8

O amor de Deus nunca falha! É esse o amor que você oferece ao seu conjugue?

Eu sempre me pergunto, "Qual é a coisa mais amável que posso dar para meu conjugue nesse momento?" As vezes pode ser um "Eu te amo." Outras vezes pode ser apenas uma tarefa doméstica, ou uma massagem nos pés (mesmo que esteja exausto/a). O amor vem em diversas formas: palavras, pensamentos e ações. Mas o amor precisa ser expresso diariamente em palavras e ações.

Deus nos mostra como amar um amor sacrificial através do amor ágape. Ele quer que a gente coloque nosso egoísmo de lado para priorizar vidas. Quando estamos em um relacionamento com Deus, nosso objetivo é glorificar a Deus através de nossas ações, pensamentos e palavras. Amar nosso conjugue com amor ágape é uma forma de demonstrar nossa obediência a palavra Dele. O amor ágape traz glória a Deus. Que você experimente o amor ágape de Deus de forma grandiosa como nunca experimentou!

---

Por favor, responda as seguintes perguntas independente de seu conjugue. Não compare as respostas até a próxima sessão.

1. Qual dos três tipos de amor precisa de mais crescimento em seu casamento? (Eros, filia ou ágape)?

2. Qual a frequência que seu conjugue fala para você "Eu te amo"?

3. Se você está tendo um dia ruim, como você evita de descontar em seu conjugue?

4. Leia a passagem sobre amor em 1 Coríntios 13;4-8. Qual parte do amor descrito é mais desafiador para você demonstrar? Porque?

5. Liste dez coisas que você ama sobre seu conjugue.

# Capítulo 3

# A Liberdade do perdão

*Assim como Cristo vos perdoou, assim fazei vós também—Colossenses 3:13*

Nós (Ed e Angie) estávamos em um jantar com alguns amigos. Durante a noite eu critiquei Ed de uma forma que ruim. Não foi meu momento mais legal. Assim que entramos no carro para ir embora, ele expressou a decepção que ele estava sentindo. Eu pedi perdão. Ele finalizou dizendo "Eu vou ficar zangado com você por mais 3 minutos". Os dois começaram a rir. Ed mostrou de forma magistral que eu havia errado feio e ele havia levado "na boa".

O perdão é importante- especialmente no contexto casamento. Todos os nossos conjugues já erraram conosco. As vezes esses machucados são pequenos e facilmente perdoáveis, enquanto outros erros nos deixam devastados, pensando se um dia vamos nos recuperar. Um casamento sem perdão desenvolve amargura. Nossa inabilidade de perdoar vai nos machucar mais do que a pessoa a quem queremos machucar. Apegar-se a falta de perdão é como tomar veneno, pensando que vai machucar a outra pessoa. Compreender e aceitar o amor e o perdão de Deus nos permite perdoar e amar o nosso conjugue. O perdão de Deus, expresso de forma amorosa no casamento, pode abençoar o casal com uma relação mais saudável e forte. Nesse capítulo, iremos explorar o modelo bíblico do perdão, como processar as amarguras mais pesadas e como superar mágoas pequenas.

Deus nos deu o melhor e maior modelo de perdão em Seu amor ágape (incondicional) através do amor sacrificial de seu filho, Jesus Cristo. O dom da salvação é pela graça, não porque merecemos ou ganhamos. Jesus nos comanda a perdoar o próximo porque Deus nos perdoou. Nós precisamos estender o perdão e a graça para o nosso conjugue, se a ofensa é grande ou pequena, independente da pessoa ter se arrependido.

Deus entende que perdão não ocorre naturalmente em nós, mas mesmo assim Ele não gota de falta de perdão. Em Mateus 6;14-15, Jesus fala "Porque, se perdoardes aos homens as suas ofensas, também vosso Pai celestial vos perdoará a vós; Se, porém, não perdoardes aos homens as suas ofensas, também vosso Pai vos não perdoará as vossas ofensas."

Um grupo de famílias Amish, demonstrou o seu profundo entendimento sobre esse ensinamento. No dia 2 de outubro de 2006, um atirador chamado Charles Roberts raptou crianças Amish em uma escola. Ele atirou em 10 meninas de 6 a 13 anos antes de atirar em si mesmo. Cinco meninas morreram. Em um sinal de perdão, as famílias que haviam enterrado suas filhas no dia anterior, compareceram no enterro do atirador, abraçaram a família dele e a viúva. Depois, eles doaram dinheiro para a viúva.

*Apegar-se a falta de perdão é como tomar veneno, pensando que vai machucar a outra pessoa*

O perdão vem primeiro entre nós e Deus. Deus nos comanda a perdoar mesmo quando não merecemos o que nos foi feito. C.S Lewis se refere a dor como o megafone que Deus usa para ter nossa atenção. [1]

As vezes existe uma lição que Deus quer nos ensinar através de nossas circunstâncias. Deus pode estar trabalhando em você e em seu conjugue para aprenderem coisas diferentes através da mesma situação. Talvez esse poema resuma isso:

> Geralmente as pessoas são irracionais, ilógicas e egocêntricas.
> As perdoe mesmo assim.
> ...
> Dê ao mundo o melhor que tiver, e pode nunca ser o suficiente; dê ao mundo tudo o que tiver mesmo assim.
> Veja, no final, a questão é entre você e Deus, nunca foi sobre você e outros."[2]

---

[1] C. S. Lewis, *The Problem of Pain* (New York: Macmillan, 1962), 93.
[2] Essa poesia é uma versão modificada de "The Paradoxical Commandments of Leadership" por Kent M. Keith. http://quoteinvestigator.com/2012/05/18/do-good-anyway/#more-3828 (acessado em 1/8/2015).

Janet derramou lágrimas em meu escritório (Kathy Jo) ao descrever o choque de ter descoberto que o marido, Peter, estava vendo pornografia tarde da noite. Felizmente, ele falou a verdade. Peter sabia que suas ações desagradavam a Deus e que a vergonha e a culpa afetavam o desejo que ele possuía por sua esposa.

Quando Janet descobriu a vida secreta de Peter, a dor quase era insuportável. Como ela poderia gostar de ter relações sexuais sem se sentir traída e machucada? Como ela poderia confiar que ele não tinha outros segredos? Peter percebeu que seria um longo caminho, de consistência na restauração de confiança de Janet. Janet sabia que deveria obedecer a Deus e perdoar Peter, mas a caminhada para a cura e o perdão seriam difíceis. Se esforçar para perdoar não é pecado. Escolher não perdoar é. Ao nos esforçarmos para perdoar, iremos processar o ódio, a raiva e a perda. Provavelmente levará muito tempo e esforço para vivenciar os diversos sentimentos. Negligenciar e minimizar os passos de cura pode fazer com que o casal perca a lição que Deus está tentando passar com o intuito de ajudar no casamento.

Talvez a situação que mais precise de perdão é aquela que a ofensa se repete e não há remorso nem arrependimento. Nós precisamos perdoar intencionalmente, ofensas que não carregam arrependimentos também.

Deus nos chama a perdoar os que erraram contra nós, mas isso não quer dizer que precisamos confiar na pessoa. Marcos 11;25 diz, "E, quando estiverdes orando, perdoai, se tendes alguma coisa contra alguém, para que vosso Pai, que está nos céus, vos perdoe as vossas ofensas." Perdoar e confiar são atos diferentes. Confiança quebrada demora para ser restaurada. Confiança é conquistada através de consistência em atitudes positivas. Em Genesis 37-50, José perdoa seus irmãos por terem vendido ele como escravo. Ele reconheceu que a intenção má dos irmãos foi convertida em um bom resultado para ele, através de Deus. Mas quando seus irmãos o encontraram, José os testou antes de confiar neles.

Se você está no processo de reconstruir confiança perante seu conjugue, seja paciente e foque de forma positiva no comportamento que mudou. Se o seu conjugue não mostra vontade em mudar de comportamento para reconstruir confiança, você talvez tenha que estabelecer limites para se proteger de futuros problemas. Se você é a pessoa que quebrou a confiança, faça tudo o possível para mostrar que mudou, seja verdadeiro.

É nossa oração que você nunca tenha que passar por uma ferida tão grande em seu casamento. Porém, há momentos em que ocorrem pequenas ofensas. Provavelmente quando seu conjugue esquece de uma promessa que fez ou se atrasou para um evento. Talvez seu marido ou esposa tenham esquecido de seu aniversário ou aniversário de casamento. Você pode se machucar com palavras duras que foram ditas. Deus quer que nós ofereçamos livremente o perdão aos nossos conjugues e peçamos perdão quando errarmos.

Em Mateus 18;21-22, "Então Pedro, aproximando-se dele, disse: Senhor, até quantas vezes pecará meu irmão contra mim, e eu lhe perdoarei? Até sete? Jesus lhe disse: Não te digo que até sete; mas, até setenta vezes sete."

Jesus sabia que teríamos que perdoar o próximo, sempre. Com prática, isso se tornará mais fácil e mais natural. Aqui vão alguns pensamentos para ajudar a cultivar um coração perdoador

- Nós temos a tendência de julgar os outros pelos seus piores atos e nos julgar pelas nossas melhores intenções. Somos rápidos em perdoar nós mesmos e superar obstáculos. Devemos dar ao nosso conjugue a mesma graça. Jesus diz, "E por que reparas tu no argueiro que está no olho do teu irmão, e não vês a trave que está no teu olho? Ou como dirás a teu irmão: Deixa-me tirar o argueiro do teu olho, estando uma trave no teu? Hipócrita, tira primeiro a trave do teu olho, e então cuidarás em tirar o argueiro do olho do teu irmão". Mateus 7;3-5
- Às vezes interpretamos mal, de forma negativa, de forma errada. Comunique suas mágoas de forma amável e honesta ao seu conjugue e permite que ele/a compreenda claramente. Depois comunique suas mágoas a Deus. Honestamente abordando suas frustrações permite a compreensão, ao passo que a passividade geralmente provoca frustrações, e um agir negativo.
- Tente entender a motivação por trás do que foi feito e que te machucou. "Pessoas machucadas geralmente machucam". Talvez seu conjugue não tenha lidado com uma situação de forma apropriada porque ele ou ela estava magoado/a.

*Perdão e confiança são duas coisas diferentes*

- Quando seu conjugue tiver errado com você, é sempre bom colocar em perspectiva. Foque nas qualidades de seu conjugue. Se você tem problema em lembrar, procure sua lista de 10 itens que mais ama nele/a. (pagina 12).
- Quando não perdoamos nosso conjugue nós permitimos que pensamentos negativos tomem conta de nossa mente.
- Nunca teremos que perdoar nosso conjugue ao nível que Deus nos perdoou.
- É bom lembrar que também um dia precisaremos de perdão. Geralmente o que você não consegue perdoar em seu conjugue é a mesma coisa que fará você errar também. Por exemplo, você pode sentir que seu conjugue é crítico em uma área de sua vida, porém, se prestar atenção ao que fala e faz, vai perceber que você também está sendo crítico em partes da vida dele/a.
- Quando algo é dito a você e machuca muito, geralmente é porque tem um pingo de verdade. Esteja aberto a examinar as palavras de seu conjugue e considere como poderia fazer mudanças positivas. Aceite a lição e supere a mágoa.
- Assumam o compromisso de nunca irem para a cama sem perdoar o outro, nem que tenham que terminar de conversar depois.

Teremos que perdoar muitas vezes, de formas diferentes, ao longo de nosso casamento. O mandamento de Deus de perdoar pode ou não envolver o ato voluntário, ou arrependimento da outra parte. Perdoar também pode envolver um processo de cura e restauração. Satanás quer nos manter em estados de não perdão. Não dê a ele esse prazer! Quando sentir dificuldade para perdoar seu conjugue procure a fonte de perdão- DEUS. Lembre-se, "Aquele que está em você é maior do que aquele que está no mundo" (1 João 4:4).

---

Por favor, responda as perguntas seguintes independente de seu conjugue. Não compare suas respostas até a próxima sessão.

1. Porque é importante perdoar seu conjugue?

5. Quando se perdoa uma pessoa, deve-se também confiar nela?

6. Existe algo que precisa perdoar em seu conjugue? O que está limitando você a estender o perdão a ele/ela?

7. Existe alguma coisa que faz você sentir que não foi completamente perdoado pelo seu conjugue?

# Sessão II

Capítulo 4 ☐ Colocando Cristo no centro de seu casamento.

Capítulo 5 ☐ Desenvolvendo um casamento com propósito.

Capítulo 6 ☐ Achando a doçura em seu casamento.

CAPÍTULO 4

# Colocando Cristo no centro de seu casamento

*Jesus respondeu, "Eu sou o caminho a verdade e a vida. Ninguém vem ao Pai se não por mim"*
João 14:6

DURANTE MAIS TEMPO (Ed e Angie) que gostaríamos de admitir, nós buscamos Cristo individualmente, não como casal. Nós íamos a igreja juntos mas estudávamos a Bíblia, orávamos, frequentávamos grupos bíblicos separadamente. Quando finalmente começamos a frequentar grupos caseiros/ bíblicos juntos, conversar sobre Deus e Sua vontade em nossas vidas e casamento, e especialmente orarmos juntos, começamos a crescer em unidade. Percebemos que existe uma grande diferença entre colocar Cristo no centro de sua vida individual e colocar Cristo no centro de seu casamento.

Acreditamos que existem muitos cristãos casados como nós por aí. Ambos acreditam em Deus e vão a igreja regularmente, mas tem medo de ficarem vulneráveis perante seu conjugue em oração ou discutir profundamente questões de fé juntos.

A Bíblia (1 Coríntios 11;3 e Efésios 5;23) diz que o marido é responsável por ser o líder da família. Embora eu (Ed) era bem sucedido no trabalho e podia falar em seminários para centenas de pessoas, eu me sentia inseguro sobre orar em voz alta com Angie. Ao crescer com Deus em conhecimento e entendimento da Palavra, eu entendi a responsabilidade que eu tinha de ser o cabeça da casa então comecei a unir mais a família em oração. Comecei aos poucos, juntando a família para orarmos antes de irmos para a igreja nos domingos. Após ter me tornado confortável com isso eu comecei a orar mais frequentemente em horários marcados e de forma espontânea quando orações especiais eram necessárias. Finalmente, Angie e eu começamos a orar juntos, só nós dois, de forma aberta e profunda.

Um dia, Angie disse, "A maioria das pessoas veem o ato sexual como a mais íntima expressão de amor e unidade. Eu descordo. O mais íntimo ato que um casal pode realizar é a oração. No sexo você se expõem fisicamente, mas na oração, você expõe sua alma". Ela estava certa. Hoje, eu entendo que a oração transparente, orar juntos, traz Deus para a unidade de um casamento. Coloca você em sintonia com o Espírito Santo. Quando eu decidi levar minha responsabilidade de líder espiritual a sério, a intimidade em nossa relação se intensificou e eu entendi o que é ser um homem de Deus para nossos filhos.

Isso não ocorre somente conosco. Uns anos atrás, nós estávamos treinando um grupo de casais para se tornarem mentores em um curso de noivos. Eu joguei uma pergunta: "O que significa para você quando oram juntos como casal?" As mulheres deram um suspiro. Sheila, uma das alunas em treinamento, disse que quando ela e Frank iam para a cama ele perguntava como tinha sido o dia dela e orava por ela. Ela disse, "É tão romântico que derrete meu coração." Então Frank disse, "É a melhor preliminar! "

Dr. Sala diz, "É fato, de acordo com pesquisa confiante: Quanto mais o casal tiver intimidade espiritual, mais satisfatório será a relação sexual. "[3] Mais um presente de Deus!

Deixe-me compartilhar algumas estratégias que usei para liderar minha família em oração. Quando nós oramos, nós usamos linguagem simples. Nós conversamos com Deus como se ele fosse a 3º pessoas na conversa, as vezes até visualizando a presença Dele colocando uma cadeira vazia na sala. Em nossa conversa com Deus:

- **Nós O *louvamos*.** A Bíblia diz que Deus criou todas as coisas para a glória Dele. Salmos 150;6 diz, "Tudo quanto tem fôlego louve ao Senhor. Louvai ao Senhor." Nosso louvor agrada a Deus.

*Existe uma grande diferença entre colocar Cristo no centro de sua vida individual e no centro de seu casamento.*

---

[1] Harold J. Sala, "Prayer Therapy and Marriage," email to Guidelines Daily E-Commentary mailing list, February 21, 2007

- **Nós entregamos a Ele nossas *petições*.** A Oração é ponderosa, Jesus nos diz em João 15;7: "Se vós estiverdes em mim, e as minhas palavras estiverem em vós, pedireis tudo o que quiserdes, e vos será feito."
- **Nós damos a Ele *graças*.** Para Deus pensar e perguntar estão bem relacionados. Filipenses 4;6 diz, "Não estejais inquietos por coisa alguma; antes as vossas petições sejam em tudo conhecidas diante de Deus pela oração e súplica, com ação de graças." Nós devemos cultivar um coração grato. Podemos agradecer a Ele antes mesmo de receber a resposta Dele.
- **Nós damos a Ele um *coração aquebrantado*.** Embora todos nossos pecados sejam perdoados pelo o que Cristo fez por nós na cruz, Deus ainda quer que nós nos aquebrantemos diante Dele e nos arrependa de nossos comportamentos ruins e pecaminosos. Deus quer que oremos para revelar qualquer pecado em nossas vidas.

Anos atrás iniciamos uma tradição anual, escrevíamos uma oração pelo casamento -no dia de ano novo, colocando-a em um envelope. Então, no próximo ano novo abríamos a cartinha e líamos para o outro. No primeiro ano fizemos isso, eu (Angie) escrevi uma oração bem segura e conservadora. Deus respondeu a cada palavra. Ed, ao contrário, escreveu uma oração grande e corajosa. Nós fomos abençoados porque Deus respondeu todas as orações dele. Desse momento em diante, nós dois fizemos de uma prática a oração mais corajosa. Até porque, a Bíblia fala, "...não têm, porque você não pede." (Thiago 4;2)

Assim como a oração nos une em matrimônio, também é importante entender o único papel que Deus definiu para maridos e esposas, e como eles foram feitos para fortalecer a união. A Bíblia fala que Deus primeiro criou Adão da terra. Depois criou Eva de Adão. O propósito da mulher se encontra em Genesis 2;18, "O Senhor Deus diz, 'não é bom que o homem se encontre só, far-lhe-ei uma ajudadora idônea'." Deus criou Eva para ser a ajudadora de Adão. Deus quer que maridos e esposas trabalhem juntos como um time. No casamento, vocês não são mais duas pessoas que andam separadamente, preocupados em ter seu jeito realizado, mas sim são duas pessoas que andam juntas no amor ágape.

Enquanto que em partes de sua vida você poderá servir e ajudar outros, em seu casamento você será a única pessoa que terá o papel de esposo ou esposa. É uma posição única

*Orar de forma transparente traz Deus para a unidade em seu casamento*

que Deus preparou somente para você! O apóstolo Paulo definiu o papel de marido e esposa quando escreveu, "Porque o marido é a cabeça da mulher, como também Cristo é a cabeça da igreja, sendo ele próprio o salvador do corpo. " (Efésios 5;23) Paulo fala de uma rede hierárquica de responsabilidade nessa passagem também: "Mas quero que saibais que Cristo é a cabeça de todo o homem, e o homem a cabeça da mulher; e Deus a cabeça de Cristo. " (I Coríntios 11;3). Essa rede de responsabilidades pode parecer difícil para entender, mas nós vemos isso todo dia no ambiente profissional: a maioria de nós tem que prestar contas para um chefe até CEO´s tem que prestar contas para diretores de conselhos etc.

O papel do marido ser o cabeça da esposa não diminui o valor da esposa de forma alguma. O apóstolo Paulo esclarece isso quando ele escreve, "Nisto não há judeu nem grego; não há servo nem livre; não há macho nem fêmea; porque todos vós sois um em Cristo Jesus. " (Gálatas 3;28). Paulo diz que homem e mulher possuem direitos e privilégios iguais perante Deus, pela posição em Cristo. Porém, igualdade de direitos e o seu papel no casamento são duas coisas diferentes.

A Trindade Divina (Pai, filho e Espírito Santo) é o modelo perfeito de padrão para nos guiarmos em nosso casamento. Em seu livro, *The Excelent Wife* - Uma esposa excelente, Martha Peace explica assim:

> A Trindade é uma relação na qual três pessoas eternas (cada uma perfeitamente e totalmente igual em existência, em poder, em glória) revelam, sabem e amam cada um deles de forma perfeita. Quando eles decidem ter um foco para alcançar, Deus o Filho e o Espírito Santo, embora iguais, voluntariamente se submetem a Deus o Pai para cumprirem seus planos perfeitos. Ao trabalharem juntos, estão totalmente unidos em desejo, pensamento e ação até o objetivo se cumprir. Sendo assim, eles são um conjunto em uma unidade.[4]

*Um marido responderá a Deus em como ele ama sua esposa, independente se ela o respeita ou se submete a ele*

---

[4] Martha Peace, *The Excellent Wife* (Bemidji, MN: Focus Publications, 1997), 30.

A Trindade opera como uma, com papéis diferentes. Aqui estão as instruções que Deus dá para maridos e esposas para fazerem o mesmo em um casamento cristão:

> Sujeitando-vos uns aos outros no temor de Deus. Vós, mulheres, sujeitai-vos a vossos maridos, como ao Senhor; Porque o marido é a cabeça da mulher, como também Cristo é a cabeça da igreja, sendo ele próprio o salvador do corpo. De sorte que, assim como a igreja está sujeita a Cristo, assim também as mulheres sejam em tudo sujeitas a seus maridos. Vós, maridos, amai vossas mulheres, como também Cristo amou a igreja, e a si mesmo se entregou por ela, Para a santificar, purificando-a com a lavagem da água, pela palavra, para a apresentar a si mesmo igreja gloriosa, sem mácula, nem ruga, nem coisa semelhante, mas santa e irrepreensível. Assim devem os maridos amar as suas próprias mulheres, como a seus próprios corpos. Quem ama a sua mulher, ama-se a si mesmo. Porque nunca ninguém odiou a sua própria carne; antes a alimenta e sustenta, como também o Senhor à igreja; Porque somos membros do seu corpo, da sua carne, e dos seus ossos. Por isso deixará o homem seu pai e sua mãe, e se unirá a sua mulher; e serão dois numa carne. Grande é este mistério; digo-o, porém, a respeito de Cristo e da igreja. Assim também vós, cada um em particular, ame a sua própria mulher como a si mesmo, e a mulher reverencie o marido.
>
> —Efésios 5:21–33

Esse é o desejo de Deus e o projeto para o casamento. Quando a dinâmica entre marido e esposa é correta, a interação positiva irá refletir a honra, louvor, amor, serviço, confiança, e respeito mútuo. Quando a dinâmica do casal é errada, irá refletir em críticas, murmúrios, reclamações, culpas e controle. Quando o seu casamento reflete o plano de Deus?

Os papéis de marido e esposa não são condicionais. Um marido responderá a Deus em como ele ama sua esposa, independentemente se ela o respeita ou se submete a ele. A mulher responderá a Deus em como ela se submete ao marido e o respeita, independentemente se ela concorda com as ações dele.

Quando Deus está no centro de nossa relação, ao invés de apenas confiar em nosso próprio crescimento, nós somos capazes de permitir que o Espírito Santo trabalhe em nós e através de nós. Por isso que regularmente devemos nos juntar como casal em oração e individualmente.

Além da oração, aqui vão formas para manter o Espírito Santo no centro de seu casamento:

*Uma esposa respeita a Deus em como ela se submete e respeita seu marido independente dela concordar ou não com as atitudes dele.*

- Frequente um grupo caseiro de estudo Bíblico.
- Se envolva em um ministério. Deus tem dado a você e seu conjugue uma combinação de oportunidades e dons espirituais que foram programados para você. I Pedro 4;10 diz, "Cada um administre aos outros o dom como o recebeu, como bons despenseiros da multiforme graça de Deus. " Ore e observe a liderança de Deus nessa área. Ele irá colocar em seu coração a direção que Ele quer que tome. Considerem alguma área em que seus dons poderiam se complementar e que poderiam servir juntos. Vocês serão abençoados se viverem na vontade de Deus doando seu tempo, tesouro e talentos. (Se acharem que estão muitos estressados, é provável que não estejam na vontade de Deus). Quando se está vivendo na vontade de Deus, duas coisas ocorrerão: você será abençoado por ser bênção e você não poderá nunca alcançar o nível de Deus- Nunca poderemos fazer mais para Deus do que Ele fará por nós.
- Remova ídolos de sua vida. Remover ídolos pode parecer um conceito esquisito, mas Deus quer que O amemos acima de qualquer coisa, com a mente a alma e o coração. Qualquer coisa que colocarmos acima Dele é um ídolo. Ídolos são o que acreditamos e confiamos. Precisamos entender mais o que está em nosso coração, o que é realmente importante para nós, aonde está o nosso coração. É comum que empregos ou ministérios se tornem ídolos. Ironicamente, podemos até fazer de nosso conjugue um ídolo. Deus deve ser nossa busca sempre.
- Seja intencional ao **buscar Deus em toda situação**, seja pequena ou grande. Para seguirmos a vontade de Deus nós precisamos primeiro saber Sua vontade. Romanos 12;2 diz, "E não sede conformados com este mundo, mas sede transformados pela renovação do vosso entendimento, para que experimenteis qual seja a boa, agradável, e perfeita vontade de Deus." Podemos renovar a mente ao ler a Bíblia, ao orar, ao buscar Deus e buscar conselhos de amigos cristãos maduros na fé. Mas mesmo assim, nossa natureza pecaminosa nos afasta de Deus. Precisamos sempre nos focar. Nele, refocar, andar passo a passo em Sua vontade.

Este programa está focado em colocar Cristo no centro de nossos casamentos. Oração é a melhor forma de conseguir isso. Oração reconhece a presença de Deus e amacia nossos corações perante o nosso conjugue. É o caminho perfeito para acalmar emoções quando vierem os conflitos. Ajuda a alinhar os propósitos, os papéis que Deus nos deu no casamento. Libera o poder do Espírito Santo para nos guiar. Quando compartilhamos nossos mais profundos pensamentos e emoções com nosso conjugue, em oração, somos capazes de nos unir em espirito assim como Deus deseja.

Deus quer estra no centro de nosso casamento de todo o jeito. Quando um casal faz Deus ser o Senhor de suas vidas em todas as áreas, eles se tornam um em Cristo!

---

Por favor, responda as seguintes perguntas independente de seu conjugue. Não compare as respostas até a próxima sessão.

1. Esposas apenas: Em um casamento em que Cristo é o centro, o que significa ser submissa ao seu marido?

   Maridos apenas: O quer significa ser um marido de Deus?

2. Como você descreveria a vida de oração que vocês dois possuem?

3. Como seu conjugue pode estar orando por você nesse momento?

4. Você lê a Bíblia com que frequência?

5. Qual pecado em sua vida atualmente está impedindo você de se aproximar de Deus?

6. Pelo o que você é grato em seu casamento? Enumere 10 coisas.

7. Se você e seu conjugue possuem uma decisão importantíssima a tomar, como procederiam para garantir que essa decisão fosse centrada em Deus?

## CAPÍTULO 5

## Desenvolvendo um casamento com propósito

*E o Senhor te guiará continuamente, e fartará a tua alma em lugares áridos, e fortificará os teus ossos; e serás como um jardim regado, e como um manancial, cujas águas nunca faltam.*
—Isaías 58:11

Nós estávamos nos reunindo com Kevin e Michelle para uma mentoria matrimonial. Ao esperarmos por Michele num curto intervalo, Eu (Ed) perguntei a Kevin, um administrador financeiro muito bem-sucedido, qual era o seu segredo para se colocar em 1º lugar em sua empresa, ano após ano. Ele respondeu, "Eu sempre recebo essa pergunta de pessoas da minha área. É bem simples na verdade. Eu trato cada cliente como se fossem o Bill Gates. Um bom serviço de atendimento ao cliente não é o suficiente. Eu crio uma experiência excepcional para meu cliente. " Então Ed fez uma outra pergunta. "Como seria seu casamento se você acordasse todo dia tentando fazer que aquele dia fosse excepcional para Michelle?" Ele respondeu pensativo, "Ótima pergunta. " Michelle retornou e nossa sessão continuou.

Algumas semanas se passaram, depois que eles haviam completado o programa. Kevin e Michele convidaram a gente para um jantar. Após uma refeição deliciosa, enquanto saboreávamos a sobremesa, eu perguntei ao Kevin o que mais havia impactado ele no programa. Ele respondeu, "Quando você me perguntou como seria meu casamento se eu colocasse o mesmo esforço que eu colocava em minha empresa. Foi como um interruptor que ligou. Eu finalmente entendi que se eu queria um

*Se Jesus que é Deus, tomou para si o papel de servo humilde, até a morte, porque devemos achar que viveremos uma vida para nós?*

casamento mais bem sucedido eu deveria dar mais atenção."

Deus quer que que nós nos importemos com o nosso conjugue. Jesus nos deu um exemplo perfeito disso quando Ele lavou os pés de Seus discípulos. Jesus até lavou os pés de Judas e Ele sabia que Judas estava prestes a traí-lo. Nós precisamos seguir o exemplo de Jesus, alegremente, humildemente servir nosso conjugue com amor incondicional. O amor ágape nos desafia não apenas para servir, mas para fazer isso de forma sacrificial, colocando as necessidades de nosso conjugue acima da nossa. "Sirva de todo o coração como para Deus e não para homens" (Efésios 6;7).

Para nós demonstrarmos essa atitude de serviço em nosso casamento, nós precisamos mudar a motivação de "Como meu conjugue pode satisfazer *meus desejos?*" para "Como eu posso satisfazer as necessidades de meu *conjugue?*" Precisamos tirar o foco de nós. Se Jesus que é Deus, tomou para si o papel de servo humilde, até a morte, porque devemos achar que viveremos uma vida para nós? Devemos buscar glorificar Deus com nossas vidas tendo um coração de servo perante nosso conjugue independente de como o conjugue se comporta.

Quando nossos amados falham em nos satisfazer, não atendendo nossas necessidades, a maneira que escolhermos reagir irá determinar a relação a ser mais íntima ou mais fria. A melhor maneira é escolher reações que honrem Deus ao invés de reagir com raiva, mágoa.

Aqui estão três formas de reagir quando seu conjugue não atende suas necessidades.

Primeiro, devemos ter certeza que comunicamos nossa necessidade ao conjugue de forma clara. Não podemos achar que nosso conjugue irá adivinhar o que pensamos ou precisamos.

Segundo, devemos ter uma expectativa racional e razoável. Expectativas fantasiosas são geralmente alimentadas por nossa cultura e causam decepção. Quando nossas expectativas não são razoáveis, a melhor ação é diminui-las. Pessoas com expectativas sensatas são pessoas mais felizes do que aquelas com expectativas e exigências irreais, pois pessoas muito exigentes delas mesmas e do próximo geralmente se decepcionam. Elas tendem a se magoar em relações por reclamarem muito ou reprimem seus sentimentos enquanto se sentem pena de si mesmas. Essa auto cobrança cultiva a amargura. Precisamos aceitar mais do que esperar para termos menos decepções e mágoas. As vezes a melhor coisa que podemos fazer é diminuir nossos desejos e encher nossas mentes com graça e amor ágape incondicional perante o conjugue.

Terceiro, e mais importante, nós precisamos entregar nossas expectativas frustradas para Deus. Se você sente que seu conjugue está te devendo uma vida com Deus em seu casamento, pegue essa decepção ou decepções e entregue a Deus. Peça para Deus trabalhar na vida de seu conjugue. Peça a Deus para ajudar você a amar seu conjugue com o amor Dele, incondicional. Peça a Deus para preencher suas necessidades quando seu conjugue não puder ou não quiser. A Palavra diz que Jesus Cristo é suficiente para atender todas as nossas necessidades. Filipenses 4;19 "O meu Deus, segundo as suas riquezas, suprirá todas as vossas necessidades em glória, por Cristo Jesus." Ao invés de viver com a decepção e desânimo de expectativas não atendidas, podemos olhar para Deus e Sua Palavra para preencher nossas vidas. Deus nunca vai nos decepcionar. Quando aprendermos a entregar para Deus nossas frustrações, desejos não atendidos (e fazer com que a questão seja entre nós e Deus e não nós e nossos conjugues) Deus pode nos encher de contentamento e alegria. Entregue para Deus seus ressentimentos, frustrações, decepções. Lembrem-se que somente Deus é perfeitamente fidedigno. Deus está trabalhando em vocês dois!

Há uns 8 anos atrás, Ed inventou uma ideia de demonstrar seu amor, servir de forma intencional. Ele sugeriu que começássemos uma tradição semanal de ser rei ou rainha por um dia. Esse pequeno exercício nos ajudou a melhorar a comunicação, em como atender as necessidades do outro no casamento.

Começamos com cada um escolhendo um dia da semana que seria o dia especial. Eu (Angie) escolhi sexta-feira. Então, toda sexta-feira eu era tratada como realeza. Ed me acordava fazendo massagem nas costas, aquecia minha toalha na máquina e me esperava sair do banho, ele lavava e abastecia meu carro, ele me mandava mensagens amorosas durante o dia. Sábado era o dia dele ser rei. Nos sábados eu o tratava como realeza. EU o acordava com uma massagem nas costas também, levava café na cama, o surpreendia com recadinhos pela casa, fazia massagem na cabeça dele, e cozinhava o jantar preferido dele. Nós dois fazíamos outras coisas extras e especiais para o outro durante o dia.

*Nós precisamos aceitar ao invés de esperar para ter menos mágoas e decepções.*

A princípio, era difícil para mim dizer ao Ed o que eu queria no meu dia especial. Eu tive dificuldade em me sentir merecedora. Com o tempo, eu percebi que quando damos e recebemos amor, em uma ralação mais próxima a intimidade cresce no casamento. Hoje nos divertimos criando formas legais de tratar o outro bem. O melhor resultado disso é que esse exercício garante que se nós nos distrairmos e sairmos desse caminho, nós iremos voltar para os trilhos na sexta e no sábado.

Como Kevin compartilhou no inicio do capítulo, nenhum de nós imaginaria uma empresa sendo bem sucedida sem esforço consciente e intencional, mesmo assim muitos casais não colocam esse esforço em seus casamentos. Um dos maiores presentes que pode dar para seu casamento é desenvolver uma atitude a longo prazo intencional de servir o outro com amor.

Por favor, responsa as perguntas seguintes independentes de seu conjugue. Não compartilhem nem comparem respostas até a próxima sessão.

*1.* **Enumere em ordem de importância as 5 necessidades mais importantes, identificada por Dr. Willard F. Harley Jr. Em seu livro, *"His Needs, Her Needs"*.**

| Ordem-Top 5 necessidades | Necessidade |
|---|---|
| | Admiração |
| | Afeição |
| | Realização sexual |
| | Diálogo |
| | Compromisso familiar |
| | Segurança financeira |
| | Honestidade e abertura |
| | Ajuda nas tarefas da casa |
| | Parceria e companheirismo |
| | Conjugue atraente |

2. Como seu conjugue pode alcançar as necessidades mencionadas acima?

8. Quando seu conjugue não cumpre com suas expectativas e necessidades, como deveria reagir?

9. Liste no mínimo 5 coisas que você pode fazer voluntariamente para melhorar seu casamento.

10. Em uma escala de 1 a 10, 10 sendo o máximo, o quão bom é seu conjugue em te fazer feliz?

11. Se um dia seu conjugue falasse "Você será rei/rainha por um dia. Dê uma lista de coisas especiais para eu fazer para você," quais itens você colocaria na lista? Qual dia da semana você gostaria que fosse?

## Capítulo 6

# Achando a doçura em seu casamento

*E haverá harmonia entre os dois*

—Zacarias 6:13

Nós gostamos de dizer que um casamento que é alegre está vivendo em seu momento de doçura, uma maré agradável. Vocês estão nesse momento quando estão se sentindo conectados em todas as áreas- emocional, física, espiritual e social. Tudo está fluindo de uma forma positiva. A interação é prazerosa, feliz, generosa e amorosa. Existe harmonia na relação. Estão funcionando como uma equipe, como unidade. O oposto da doçura chamamos de azedo, aquele momento esquisito, frio da relação. Isso ocorre quando a conexão e unidade são interrompidas.

Durante uma sessão de mentoria matrimonial, Brandon mencionou que parecia que seu casamento com Mandy era bom na maior parte do tempo. Porém, quando entravam em argumentos as vezes levavam dias ou semanas para superarem. Brandon e Mandy são um casal muito brilhante, mas quando questionados por Ed sobre como voltavam para o ponto doce, bom da relação, eles não conseguiam responder. Eles deixavam levar naturalmente. A situação de Brandon e Mandy é bem comum. Eles tinham amor e compromisso um com o outro. Eles simplesmente não tinham as ferramentas para fazerem o casamento voltar para os trilhos.

Casamentos tendem a ter momentos positivos ou negativos. Quando um casamento começa a ir mais para um lado negativo, é necessário um esforço consciente para parar o ciclo e colocar tudo de volta nos eixos. Existem habilidades específicas e técnicas que podem implementar (tanto o marido quanto a esposa) para o casamento voltar para os trilhos. Esse capitulo é sobre ajudar você a entender algumas dessas ferramentas.

Segue uma lista com dezoito ferramentas efetivas. Algumas são para manter seu casamento naquela doçura enquanto outras ferramentas são para vocês voltarem para essa doçura. Você pode notar que algumas dessas ferramentas foram já mencionadas anteriormente e algumas são novas. Esse capítulo possui apenas 3 perguntas. Além de responder as perguntas, queremos que venham preparados para explicar cada uma das ferramentas. Esse capítulo está ensinando um grupo de ferramentas que podem ser realmente radicais na mudança e fazer a diferença em seu casamento. Por favor, não crie atalhos. Invista tempo nessas ferramentas.

1. **Oração.** Quando um casal se afasta da doçura de uma relação, a relação fica esquisita, meio azeda, mas se humildemente chegam a Deus juntos em oração, eles estão mais receptivos em mudar o que há de egoísta neles mesmos e a buscar a vontade de Deus, que os ama e quer que eles funcionem em unidade. Imagine o quão útil seria orar em casal quando tiverem se afastando para esse ponto azedo. Essa é uma boa ferramenta para o marido considerar, como líder espiritual da família, embora a esposa sempre possa sugerir de orarem juntos.
2. **"Desculpe. Eu venci! "** Use essa tática para tirar vantagem de sua natureza competitiva e faça com que consiga perdoar mais rápido, como em um jogo. Quem pedir desculpas primeiro, vence! Ao invés de deixar coisas pequenas perturbarem, se um de vocês pedir desculpas primeiro (sabendo que venceu) você pode sorrir. É uma forma legal de superar uma briguinha e vencer um jogo. (Ed) Angie e eu tivemos um desentendimento uma vez no momento em que eu estava indo para uma reunião. Logo após ter saído de casa recebi uma mensagem de Angie falando "Me perdoe. " Depois de uns segundos recebi outra mensagem "Eu venci! " Isso me fez rir e nos fez voltar ao ponto de doçura em nosso casamento.
3. **Divertimento.** Para a saúde do casamento, é importante manter o divertimento, essa é uma área que vai sumir quando tiverem mal. Mesmo que não

esteja com vontade, planeje algo legal para se divertirem juntos. Quanto mais simples melhor. Alguns casais gostam de voltar a fazer algo que faziam quando namoravam. Casais devem ser capazes de colocar aquela criança interior para fora. O rir deve fluir naturalmente. Se divertir é prova de um bom casamento. Casais que se divertem possuem casamentos saudáveis.

4. **Ficar bravo/a por 5 minutos.** Existem momentos que irá querer mostrar para seu conjugue que está chateado/a, mas você não quer fazer tempestade em copo d´água. Uma forma eficaz é falar "Eu vou ficar bravo/a com você por 5 minutos. " Os dois poderão rir disso, mas a mensagem foi dada.

5. **Ser gentil.** Ser gentil para seu conjugue quando não está com vontade é uma forma de falar o quanto está comprometido/a em voltar para o ponto de doçura da relação.

6. **Escrever recadinhos no espelho.** Escreva no espelho do banheiro um recadinho fofo. Compre canetas específicas para poder retirar depois. Deixe as canetas guardadas para que você possa sempre usá-las.

7. **"O quão cheio está o seu tanque do amor? "** Pergunte a seu conjugue, "Em uma escala de 1 a 10, o quão cheio está o seu tanque, " pergunte também, "Como faço para ficar na nota 10?"

8. **Substitua a crítica por um elogio.** Quando sentir vontade de criticar seu conjugue, pare e substitua a crítica por um elogio genuíno. Críticas levarão seu casamento para uma parte azeda rapidamente. O elogio fará diferença quando quiser criticar.

9. **Sorría.** Um simples sorriso pode mudar toda a química entre um homem e uma mulher. Sorrir possui tanto efeitos positivos, mas sorrir é a primeira ação que some quando um casal não está na parte doce da relação. Umm sorriso irá aquecer o coração de seu conjugue. Um sorriso te faz ficar mais atraente. Pesquisas mostram que sorrir diminui a pressão sanguínea, diminui o stress, aumenta o sistema imune, libera endorfina, faz você se sentir mais positiva e constrói confiança. Sorrir contagia, então sorria.

10. **10 coisas que amo em você.** Em sua primeira sessão vocês fizeram uma lista de "10 coisas que amo em você". Quando estiverem indo em direção

*Se divertir é prova de um bom casamento.*

ao azedinho da relação, peguem essa lista e releia o que você mais ama em seu conjugue e o que o seu conjugue ama em você. Quando seu coração estiver mais amolecido, peça seu conjugue para fazer o mesmo. Aí adicionem mais um item à lista.

11. **Perspectiva.** Quando você e seu conjugue brigarem, pergunte a você mesmo: "Pensando na eternidade isso realmente importa? Será que não posso deixar isso passar?"
12. **Texto.** As vezes um texto romântico é o que fará vocês voltarem para a etapa doce da relação. Recentemente o celular da Angie estava com a memória cheia e ela me pediu para ajudá-la a esvaziar a memória. Eu perguntei se eu poderia deletar as mensagens dos últimos 2 anos. Ela disse "Sim, todas, menos as suas." Ela me explicou que as vezes ela gosta de reler as mensagens de amor que mandei para ela.
13. **Rei/rainha por um dia.** Você aprendeu isso em um capítulo anterior. Esperamos que seja algo que adicionem a rotina semanal. Isso causa uma mudança na relação. Traz sua relação de volta ao ponto doce e gostoso do casamento
14. **Tempo de qualidade.** É o momento de troca e conexão. Podem chamar de "encontro". Não precisa ser caro. É essencial que saiam em encontros mesmo depois de casados.
15. **"Eu te amo".** Essas palavras podem soar como música ao ouvido de seu conjugue. Adicione um beijo gostoso e longo, e um abraço.
16. **Recomece.** Às vezes você pode estar tendo um dia ruim. Quando isso ocorrer com vocês, só é necessário que um de você fale "Vamos recomeçar?" Isso é um acordo de recomeçar sem falar sobre o que levou vocês a ficarem nesse dia esquisito. Isso não é uma saída para problemas maiores, somente para desentendimentos bobos.
17. **Amor e respeito.** Mulheres querem ser valorizadas por seus maridos e homens querem ser respeitados por suas mulheres. Como marido, faça algo para mostrar que sua esposa é especial. Como esposa, faça algo que mostre para seu esposo que você é a maior fã que ele tem.
18. **Entre você e Deus.** Faça a coisa certa porque quer agradar a Deus, mesmo que não tenha vontade de agradar seu conjugue.

Michelle e Ron perderam esse momento de doçura, eles estavam casados há 8 meses apenas. Eles não frequentavam o curso de noivos e agora sentiam estresse na relação. Eles nos procuraram (Ed e Angie) e perguntaram se nós podíamos ser mentores deles. Durante nossa primeira sessão com eles, ficou claro que eles estavam se amando, mas a preocupação com dinheiro e a pressão de terem vários empregos para pagarem as dívidas do casamento estavam sufocando eles. Aliás, eles não lembravam a última vez que riram ou se divertiram juntos desde a festa de casamento.

No final da primeira sessão. Que foi tensa, Ed deu a eles um dever de casa: irem para casa e fazerem guerra de travesseiro antes da próxima sessão. Quando eles chegaram para a segunda sessão, Ed perguntou a eles como havia sido o dever de casa. Eles responderam que de primeira foi estranho. Mas que ao começarem começaram a se divertir, rir como crianças. Quando se viram de repente no chão brincando. Michelle irradiava alegria pois era a primeira vez em meses que eles haviam se divertido entre eles dois. Ron, com um brilho nos olhos, disse que esse dever os levou a fazer o melhor sexo desde a lua de mel! Eles ainda estavam com a mesma pressão da semana passada, mas eles renovaram a essência de unidade deles. A pressão diária poderia existir, mas seria possível administrar ela porque estavam reconectados. Eles haviam encontrado o "ponto doce" deles.

Permanecer nesse ponto doce constrói uma direção boa para a relação. Oposto ocorre quando existem sentimentos ruins e interações negativas. É você quem decide tomar uma atitude para voltar ao ponto doce da relação.

Você pode não usar todas as ferramentas, porém, escolha algumas que você se identifica e que possa se aperfeiçoar. Claro, existirão momentos em seu casamento quando essas ferramentas não irão resolver o problema. Em um futuro capítulo sobre resolução de conflitos, nós iremos compartilhar as ferramentas que irão ajudar a resolver questões maiores.

> *Quando um casamento começa a ir mais para um lado negativo, é necessário um esforço consciente para parar o ciclo e colocar tudo de volta nos eixos.*

Por favor, responda as perguntas seguintes independente de seu conjugue. Não compare respostas até a próxima sessão.

1. Como você definiria esse ponto doce/momento mais que bom do casamento e quando você sabe que ele ocorre?

2. Seus mentores o pedirão para dar uma recapitulada sobre ferramentas mencionadas nesse capítulo. Quais ferramentas acima você tem mais tendência em usar?

12. Compartilhe uma memória de vocês se divertindo juntos..

# Sessão III

Capítulo 7 □ Diferenças de personalidade

Capítulo 8 □ Diferenças entre homens e mulheres

Capítulo 9 □ Linguagens de amor

## Capítulo 7

# Diferenças de personalidade

*Eu te louvo porque me fizeste de modo especial
e admirável.—Salmos 139:14*

DURANTE NOSSO CURSO DE NOIVOS, o pastor perguntou a todos no grupo para levantarem as mãos se eles eram compatíveis com seus noivos/as. Todos os 20 de nosso grupo levantaram as mãos bem alto, e o pastor nos disse que estávamos todos errados. Nós tínhamos certeza de que ele estava errado. Afinal, nós nos conhecíamos há 18 meses e éramos convictos de que fazíamos o par perfeito. O pastor explicou que um bom casamento não é baseado na compatibilidade de um homem e mulher, mas sim com a capacidade que esposa e marido possuem de lidar com incompatibilidades.

Em alguns meses de casamento nós entendemos o que ele havia nos dito. Ao invés de entrarmos em pânico e pensar que casamos com a pessoa errada, nós entendemos que deveríamos começar a ganhar habilidades para administrarmos nossas incompatibilidades.

Geralmente no início de uma relação os casais costumam falar que tem muito em comum, "Nós temos tanto em comum", "Nós amamos as mesmas coisas", e "Nós concordamos com quase tudo". Assim que casam, eles dizem, "Nós não temos tanto em comum, " "Nós não entendemos o outro, " e "Não conseguimos concordar em nada. "

Assim como as coisas em comum os atraíam, as diferenças também. Você pode ter pensado, "Ele vai cuidar de nossas finanças- ele é mais organizado do que eu," ou "Ela é mais sensível do que eu com relação as necessidades do próximo," ou "Ele é mais lógico que eu quando se trata de tomar decisões." AO casar essas diferenças podem se tornar fontes de problemas. As diferenças que um dia pareciam atraentes agora não parecem mais. Você pensa, "Ele é muito controlador com as finanças, " "Ela é sensível demais", "Ele demora muito para tomar decisões." Ou seja, as diferenças que de primeira pareciam boas são focos de birgas.

Nós todos somos criados a imagem de Deus. Mas nós também somos únicos e diferentes. Essas diferenças não estão certas nem erradas. Quanto mais aprendemos a abraçarmos as diferenças no casamento, mais entendemos como nossas diferenças de personalidade se complementam na vida do outro. Deus não criou ninguém para ser perfeitamente compatível. Nossas compatibilidades (como nós nos parecemos com nosso conjugue) assim como nossas incompatibilidades (como somos diferentes de nosso conjugue) são ambas partes do projeto de Deus para o casamento. Eles nos direcionam para a unidade que Deus almeja para nós no casamento.

Uma forma de entendermos melhor as diferenças foram pelo teste Myers-Briggs Type Indicator® (MBTI®) um teste que avalia a personalidade. Eu (Ed) sou sistematizado e organizado. Eu gosto de planejar em detalhes coisas especificas antes de proceder. Para mim, cedo é na hora. Eu gosto de terminar projetos antes da hora. Eu sinto que antes de me liberar para o lazer eu tenho que acabar todo o meu trabalho para que eu não tenha que voltar e continuar algo inacabado.

*Ser diferente do outro não significa ser errado ou certo*

Angie, pelo outro lado, fica feliz em parar o que está fazendo para ter seu momento de lazer, mesmo se significa que ela terá que trabalhar mais tarde madrugada a dentro. Angie sempre teve dificuldade em entender porque eu coloco tanta pressão em mim mesmo. Eu tinha dificuldade em entender como ela poderia ter lazer antes de terminar seu trabalho.

Quando realizamos o MBTI®, nós dois tivemos aquele momento "aha" (momento de clareza). Nós vimos que cada um tem uma personalidade diferente relacionado a forma como administramos as nossas vidas. Nos tornamos mais compreensivos e aceitamos mais as diferenças do outro e de nós mesmos. Nós percebemos que ambos realizavam o que queriam realizar. Porém, com abordagens distintas.

Deus criou você e seu conjugue com diferenças de personalidade únicas, que refletem a imagem Dele em cada um. Essas diferenças podem trazer compreensão no casamento se vistas com apreço e respeito. Ou podem causar discórdia se virmos nossa forma de fazer as coisas como a forma correta ou perfeita. Quando as diferenças se tornam frustrantes ou até mesmo insuportáveis, fale honestamente com seu conjugue. Fale gentilmente, humildemente, pacientemente e com amor. Permita que essa oportunidade atraia vocês para mais próximo do que estão, evitando que a amargura e ressentimento se desenvolva. Acima de tudo, permita que a graça e o amor de Deus prevaleçam.

---

Por favor, responda as perguntas seguintes independente de seu conjugue. Não compare as respostas até a próxima sessão.

1. Você acredita que você e seu conjugue são compatíveis? Explique.

2. As afirmações abaixo refletem traços de personalidade. Numa escala de 1 a 10, descreva quão bem a afirmação se aplica a você.

**1= não descreve nada de mim**

**10= me descreve precisamente**

| Afirmação | Escala (1- 10) |
|---|---|
| A. Eu prefiro pensar com cautela antes de decidir uma nova direção. | |
| B. Gosto de ser reconhecido Publicamente por minhas conquistas. | |
| C. Não costumo gostar de mudanças. | |
| D. Tenho uma lista de afazeres diários e tento realizá-los. | |
| E. Sou muito espontâneo/a | |
| F. Sou limpo/a e arrumado/a, gosto de tudo em seu devido lugar. | |
| G. Raramente chego atrasado para uma reunião ou compromisso. | |
| H. Sinto uma sensação de realização quando eu completo um projeto. eu sou relutante a começar novos projetos até terminar o atual. | |
| I. Eu prefiro socializar em pequenos grupos, (com um outro casal ao invés de uma grande festa) | |

Para entender com mais profundidade as diferenças de personalidade entre você e seu conjugue, existem inúmeros testes online que podem realizar. Um deles está nesse link : http://www.16personalities.com.

## Capítulo 8

# Diferenças entre homens e mulheres

*Criou Deus o homem à sua imagem, à imagem
de Deus o criou; homem e mulher os criou.*
—Gênesis 1:27

"ELE NÃO ME ENTENDE." "Ela é sempre tão emotiva." "Ele não compartilha seus sentimentos comigo." "Ela não respeita que trabalho muito para sustentar a família."

Maridos e esposas frequentemente se sentem incompreendidos pelos seus conjugues. Você pode se surpreender com tantas diferenças que existem entre homem e mulher. Pesquisas podem nos ajudar a entender muitas diferenças, mas algumas nunca iremos entender totalmente. A criação de Deus possui muitos mistérios (incluindo seu conjugue) que ainda serão revelados!

Esse capítulo olha para as maneiras diferentes dos homens e mulheres. Apesar da diferença notável de gênero Deus criou a fêmea e o macho igualmente e na Sua imagem. Alguns falam que homens e mulheres juntos retratam vários atributos de Deus. De forma simples, porém profunda, Deus projetou suas diferenças para complementar cada um de vocês. Isso aperfeiçoa a unidade de vocês no casamento.

Apenas olhe para os títulos de alguns livros sobre as diferenças entre homens e mulheres:

- *Porque homens são distraídos e mulheres sempre precisam de sapatos: O guia para o sexo oposto.*
- *Você simplesmente não me entende: O difícil diálogo entre homens e mulheres*

- *Homens são como waffles—mulheres são como spaghetti: compreendendo e se deleitando nas diferenças.*
- *Homens são de Marte e mulheres são de Vênus: O guia clássico para entender o sexo oposto.*

É fácil ver o quão desafiador é este tema. Vamos olhar de perto o que pesquisas estudaram sobre essas diferenças.

## Diferenças de gênero

Dr. John Gray, autor do best-seller, *Homens são de Marte e mulheres são de Vênus*, fala sobre as diferenças entre o cérebro dos homens e das mulheres:

> O cérebro do homem tende a executar tarefas predominantemente com o lado esquerdo, que é o lado lógico / racional do cérebro. As mulheres, por outro lado, usam os dois lados do cérebro, porque o cérebro de uma mulher tem um corpo caloso maior, o que significa que as mulheres podem transferir dados entre os hemisférios direito e esquerdo mais rápido do que os homens. A outra diferença estrutural entre os cérebros de homens e mulheres é o tamanho límbico, que controla a ligação e instintos de nidificação. As fêmeas, em média, têm o sistema límbico maior, mais profundo do que os machos. É por isso que venusianos [Mulheres] tendem a entrar mais em contato com seus sentimentos e são mais capazes de expressá-los do que os homens. O sistema límbico sendo maior e mais profundo também aumenta a capacidade e habilidade de um venusiano [da mulher] ter um vínculo e conexão maior com os outros.
>
> A desvantagem desta situação é que as mulheres são mais suscetíveis à depressão, não só por causa do sistema límbico maior, mas também porque elas produzem menos serotonina do que os homens.[5]

Portanto, pesquisas científicas apresentam diferenças na estrutura cerebral de homens e mulheres e por isso existem diferenças nas reações.

Por esse motivo mulheres são mais habilidosas em se comunicarem com outros, são mais abertas em seu contato com sentimentos próprios e dos outros. São mais estimuladas a criar do que os homens. Isso significa que mulheres são mais propensas à ramificar as emoções quando estão tomando decisões, enquanto homens são lógicos.

Você deve ter notado isso em seu casamento. Para a maioria das decisões, maridos e esposas se beneficiam por olharem para o emocional e a perspectiva lógica. Porém, uma esposa deve olhar logicamente para algumas decisões. Ao contrário do marido, que deve olhar de forma mais emocional e considerar essa habilidade da esposa.

Quando Trish e Bill descreveram seu casamento em meu escritório (Kathy Jo), era claro que a relação deles possuía aspectos bons. Porém, ambos tinham dificuldade para entender as decisões que tomavam como pais. Trish queria que a filha deles fosse para uma universidade de 4 anos, para viver longe de casa. Ela queria que a filha tivesse a experiência real de uma faculdade americana. Bill, descordava, queria que a filha fosse para uma faculdade menor e mais condizente com a vida "real".

A opinião de Trish era baseada em seus sentimentos e sonhos não realizados. Ela se arrependia de não ter feito isso porque trabalhava meio período na época e casou muito cedo antes de se formar. Bill raciocinou com base lógica, ele colocou como prioridade ensinar a filha sobre responsabilidade através da economia financeira que faria trabalhando. Juntos, eles ouviram a opinião um do outro, pensaram sobre a maturidade da filha e concluíram que ambas soluções eram válidas.

Por fim, a filha deles começou a frequentar a faculdade e a trabalhar meio período. Após juntar dinheiro para a mensalidade da universidade, ela se transferiu.

Já que mulheres e homens processam decisões e experiências de formas distintas (mulheres voltadas para emoções e homens para a lógica), vocês vão precisar se esforçar para se comunicarem de forma efetiva. Usar desenhos, figuras ajuda. Por exemplo, Trish poderia ter dito ao seu marido, "Quando eu morava em casa ao invés de ir para universidade, eu me sentia como um pássaro na gaiola enquanto meus amigos abriam suas asas ao deixarem suas casa."

Jesus usava figuras quando falava em parábolas. O livro, "A linguagem do amor: Como ser compreendido pelos que ama" escrito por Gary Smalley e John Trent, explica como usar palavras em figuras.

Aqui vão alguns exemplos de generalizações sobre homens e mulheres que podem ajudar vocês.
Porém, assim como existem diferenças, também existem diferenças dentre os homens e dentre as mulheres, então algumas dessas diferenças podem não se aplicar a seu casamento.

☐

O homem tem a tendência de abordar um problema de forma mais orientada na tarefa a ser resolvida- "vamos consertar isso". Um homem é mais focado em solucionar um problema ao invés de entender as emoções associadas com ele. Geralmente, ele irá tomar uma decisão baseada em fatos.

Mulheres tem a tendência de abordarem o problema de forma criativa e emocional, olhando para as emoções das pessoas. Uma mulher fala com o coração, descrevendo as partes emocionais do problema. Ao processar o problema e desabafar com seu marido, ela se sente conectada a ele. Ao contrário do homem, a mulher não precisa sempre se uma solução.

☐

*Um homem se sente mais próximo do outro através de atividade física como esporte, hobby ou tarefas.*

O homem tem a tendência a viver linearmente Ele quer focar em um evento, situação ou problema de cada vez. Homem compartimentaliza as diferentes áreas de sua vida.

A mulher vê a vida de forma global. Ela pode focar em eventos múltiplos, situações ou problemas de uma forma conjunta. Uma mulher tem a tendência de integrar as partes de sua vida e pode lidar com elas simultaneamente. Ela é mais provável de carregar emoções de uma área para a outra.

☐

O homem se relaciona mais ombro com ombro. Um homem se sente próximo compartilhando atividades esportivas, hobbies, tarefas. Ele gosta de realizar tarefas com sua esposa mesmo que ela vá somente para observar. Um homem se sente mais próximo depois de ter intimidade sexual com sua esposa.

A mulher se relaciona mais face a face. São orientadas pela interação. Tendem a focar em conversas profundas, feedbacks, compartilhamentos de experiências, perguntas. Mulher geralmente se sente mais próxima de seu marido depois de alguma intimidade emocional.

O homem recebe sua autoestima e identidade através do sucesso na carreira e aprovação de amigos do trabalho. Um homem quer que sua esposa seja sua fã número um e quer trabalhar com sua esposa como em um time.

A mulher recebe sua autoestima e identidade de relacionamentos mais íntimos, especialmente de seus maridos. Mesmo que uma esposa se sinta bem em várias áreas de sua vida, ela deseja se sentir apreciada e especial por seu conjugue. Mulheres desejam unidade na relação com seus maridos.

O homem não passa por mudanças hormonais todo mês. O papel do homem no ciclo reprodutivo- produção de espermas- não é associado com os sintomas físicos e emocionais.

A mulher pode passar por mudanças hormonais todo mês associadas ao ciclo menstrual. Mudanças hormonais chamada TPM -Tensão pré-menstrual-geralmente começa de 5 a 11 dias antes do ciclo menstrual. TPM se refere a uma gama de sintomas, incluindo labilidade de humor, cólicas, desejo por certas comidas, irritabilidade, fadiga, depressão. Um casamento se beneficia quando o marido compreende o ciclo hormonal de sua esposa.

Algumas das diferenças entre você e seu conjugue podem te surpreender. Apenas o simples fato do cérebro do homem ser estruturado de forma diferente do cérebro da mulher significa que o homem e a mulher pensam, falam, relatam e tomam decisões de forma diferente. Não entender as diferenças hormonais e sexuais causa conflitos e decepções. É necessário reconhecer suas diferenças e entender melhor como podem formar um bom time.

*Mesmo que uma esposa se sinta bem em várias áreas de sua vida, ela deseja se sentir apreciada e especial por seu conjugue*

---

Por favor, responda as seguintes perguntas independente de seu conjugue. Não compare as respostas até a próxima sessão.

1. Como a diferença entre homem e mulher afeta sua tomada de decisão no casamento?

2. Homens e mulheres ganham auto estima de formas diferentes. Considerando isso, como você pode ajudar a melhorar a autoestima de seu conjugue?

3. Mulheres possuem necessidade de dialogar que diferem do homem. Isso já criou problemas em seu casamento? Se SIM, como? Quais as soluções que você sugere?

**4.** Você acredita que a TPM (Tensão pré-menstrual), menopausa ou outro fator hormonal é uma questão em seu casamento? Se SIM, explique.

## Capítulo 9

## Linguagens do amor

*Mas, sobretudo, tende ardente amor uns para
com os outros; porque o amor cobrirá a
multidão de pecados.*
—1 Pedro 4:8

Dentro de você existe um tanque emocional de amor. Se estiver cheio, o mundo inteiro parece colorido e vocês permanecem na doçura da relação. Quando seu tanque não está cheio pelos mais importantes na sua vida, o mundo parece cinza. Se o seu tanque de amor está metade cheio, você se sente negligenciado e mal-amado. É aí que as pessoas começam a procurar amor nos lugares errados.

Existem várias maneiras de expressar amor e receber amor. Isso só depende da pessoa, e como ela recebe e dá o amor. O autor do livro "As 5 linguagens do amor", Gary Chapman, explora esse tema. Ele diz que a melhor maneira de amar alguém é amar da forma como a pessoa se sente amada. Em outras palavras, fale a linguagem de amor de seu conjugue.

Nós falamos intuitivamente com nosso parceiro na linguagem que gostamos de receber. É como um menino que compra uma bola de futebol para a mãe em pleno Natal. Se você algum dia recebeu uma resposta diferente da esperada quando fez algo do gênero, então agora já sabe o motivo. Em sua mente, você estava expressando amor, mas já que você não estava falando na linguagem do conjugue você não conseguiu marcar pontos. Você pode dar alguns créditos para si mesmo por tentar, mas esse capítulo tem o objetivo de fazer você falar fluentemente na linguagem de amor do seu conjugue para que o tanque de amor fique cheio.

A primeira vez que nós (Ed e Angie) ensinamos esse conceito foi com Heather e Ryan, no aconselhamento pré-marital. Eles viviam uma hora e meia de distância um do outro. O momento que se viam era para o curso, uma vez por semana. Heather era prática, com expectativas altas e metas altas. Ela havia se formado na universidade e MBA em apenas 4 anos. Ao se encontrarem toda a semana, ela dava a Ryan um rápido abraço e um beijo e imediatamente perguntava se ele havia cumprido suas tarefas relativas a lista que ela havia dado para ele sobre os preparativos do casamento. A alegria dele em vê-la diminuía imediatamente.

Não era uma surpresa que a linguagem de amor principal de Heather era atos de serviço. Ryan não atingia notas muito boas nisso. A linguagem de amor principal dele era toque físico. Heather tirava zero nisso (zeros são raros). Ao discutirem mais sobre as linguagens de amor deles e os resultados dos testes, eles compartilharam como que o tanque de amor de cada um conseguiu se esvaziar com a ajuda do outro: no caso de Heather, quando Ryan não completava suas tarefas da lista; e no caso de Ryan, quando a lista parecia mais importante para Heather do que eles ficarem mais próximos.

Seis meses depois, eles nos convidaram para visitarmos a nova casa e vermos o álbum de fotos do casamento. Ao saborearmos a sobremesa e o café, eles estavam se abraçando e mal podiam parar. Foi muito fofo ver aquilo. Foi realmente uma mudança. Nós perguntamos a eles qual foi a parte mais legal do aconselhamento pré-marital. Heather imediatamente falou, " A sessão sobre as linguagens de amor, aprender a falar a linguagem de amor do Ryan foi como obter a chave para o coração dele." Durante essa sessão Heather abriu os olhos para a importância de ser carinhosa com Ryan. Heather não foi criada em uma família que dava importância para isso. Ela estava verdadeiramente gostando dessa novidade de demonstrar amor com toque físico. Ryan também entendeu que atos de serviço eram importantes para ela. Ela adaptou a lista para menos tarefas diárias e ele fazia questão de cumprir todas. Ambos entenderam como manter o tanque cheio de uma forma que primeiramente não era natural mas que se tornou algo normal durante o processo.

Quando você entende o conceito de falar a linguagem de amor certa, você entende que pode aplicar isso em sua família e amigos para melhorar as relações. (Para outros membros da família você pode acessar o teste online

*Aprender a linguagem de amor do Ryan foi como ter a chave para seu coração*

gratuitamente http://www.5lovelanguages.com). Você irá se sentir muito be mem encher o tanque de amor dos outros. Até porque, "É mais feliz quem dá do que quem recebe." (Atos 20:35).

Abaixo segue uma definição de cada linguagem de amor.

1. Palavras de afirmação. Isso envolve oferecer elogios honestos, genuinos, autenticos, palavras positivas, de afirmação e encorajamento. Isso ajuda a construir a auto estima do outro.
2. Tempo de qualidade. Mostre para alguém como ele ou ela significa para você estabelecendo um tempo de qualidade para estar integralmente com a pessoa, focar nas atividades a ser realizada com a pessoa. Não dividir a atenção com outros.
3. Dar presentes. Geralmente gostam de qualquer presente, pequeno ou grande. A ênfase maior é na consideração por trás do presente.
4. Atos de serviço. Comunica que você se importa verdadeiramente, aprecia seu conjugue por sair de seus planos e servir a pessoa alegremente, completando atividades sem serem pedidas.
5. Toque físico. Pode ser um simples toque no ombro, um abraço gentil, ou beijo apaixonado, toque físico é um poderoso método para comunicar seu amor por alguém.

Por favor faça o teste "As 5 linguagens de amor – Questionário para esposas" no apêndice 4 e "As 5 linguagens de amor- Questionário para maridos", no apêndice 5. Coloque seus resultados na tabela abaixo. Não compartilhe seus resultados com seu conjugue até a próxima sessão. Termine respondendo as 3 perguntas no final do capítulo.

☐

## Resultado do teste

Conte quantas vezes você circulou cada letra e insira o resultado na coluna "Pontos- letras". Adicione todos os resultados e confirme que totalizam em 30. Ache a maior pontuação e coloque um "1" na coluna da direita "Principal" (se refere a sua linguagem principal). Ache a próxima nota mais alta e coloque "2" na mesma coluna. Essa é a sua segunda linguagem de amor.

| Let | Pontos-Letras | Principal | Linguagem de amor |
|---|---|---|---|
| A | | | Palavras de afirmação |
| B | | | Tempo de qualidade |
| C | | | Receber presente |
| D | | | Atos de serviço |
| E | | | Toque físico |
| Total: | 30 | | |

Por favor, responda as seguintes perguntas independente de seu conjugue. Não compare as respostas até a próxima sessão.

1. Em uma escala de 1 a 10, o quão cheio está seu tanque de amor?

2. O que seu conjugue pode fazer para aumentar e chegar ao 10?

3. Complete essa frase, "Eu me sinto mais amado quando..."

Use essas 3 perguntas acima ocasionalmente para testar o quanto estão alcançando a necessidade um do outro, para poderem melhorar.

# Sessão IV

Capítulo 10 □ Famílias

Capítulo 11 □ Comunicação

Capítulo 12 □ Resolvendo conflitos

## Capítulo 10

# Famílias

*Fique alegre por causa de todas as coisas boas
que o Senhor deu a você e à sua família.*
—*Deuteronômio 26:11*

A DINÂMICA DE RELACIONAMENTO entre conjugues é desafiadora o bastante. Quando colocamos crianças, irmãos, enteados, netos, bisnetos no meio, a vida pode se tornar um pouco complicada. Neste capitulo vamos olhar para a dinâmica do seu núcleo familiar (você, seu conjugue e outras crianças) e da extensão da família. Ao refletir nisso, você poderá se surpreender com o quanto as relações podem impactar seu casamento.

Nosso núcleo familiar possui estágios de vida. Nossa casa pode estar entupida de crianças. Você pode ser casado sem filhos. Talvez sejam desinteressados nisso, ou talvez já tenham filhos de outro casamento. Ou podem estar se esforçando para ter filhos, com desafios de infertilidade. Não importa qual seja seu estágio de vida no casamento: Faça seu conjugue ser prioridade sempre.

## Filhos

Ser pai e mãe traz desafios. Por mais que filhos sejam uma bênção, eles também cansam e sugam nossas energias, tempo e recursos financeiros. Muitos conjugues (especialmente os maridos) se sentem negligenciados por seus conjugues quando filhos entram no cenário. É importante que a relação marido-esposa permaneça em unidade mesmo havendo filhos e atenções divididas.

Essa não é uma tarefa fácil. Seja consciente e esforce-se para terem tempo juntos. Existe muita verdade no ditado, "Um dos maiores presentes que pode dar a seus filhos é amar o seu conjugue. " Programe encontros a noite ou em horários sem seus filhos de forma regular.

Avalie constantemente e conversem sobre temas relativos a criação de filhos. Raramente casais concordam perfeitamente com tudo. Guiem suas decisões de acordo com valores e princípios que querem que seus filhos aprendam. Se esforcem para sempre estarem unidos como pais e conversem qualquer assunto que discordem entre quatro paredes, somente os dois.

## Pais

Vamos falar um pouco da família que se estende, especialmente nossos sogros e cunhados. Seu casamento é prioridade. Obrigações familiares podem causar estresse entre você e seu conjugue. Se ocorrer isso, estabeleça algumas fronteiras saudáveis. Isso pode parecer desconfortável, mas você conseguira colocar em prioridade seu casamento, que é o objetivo.

Jim e Debbie vieram ao meu escritório (Kathy Jo) exauridos e desencorajados. Ambos tinham carreiras exigentes e após três anos de casamento estavam com dificuldade em entenderem o que estaria errado. Muitas partes do casamento estavam bem: eles tinham um grupo pequeno de pessoas jovens casadas, ambos amavam suas carreiras e tinham o objetivo de ter filhos logo.

Jim descreveu a família dele como bem próxima. A maioria da família- incluindo seus pais e 3 irmãos- viviam a poucos quilômetros deles dois. A família se reunia para aniversários, feriados e domingos à noite, toda semana.

Embora Debbie apreciasse a família de Jim, ela se sentia um pouco sobrecarregada e cansada, e sozinha. Ela queria ter mais tempo de qualidade com ela mesma, sozinha (antes do casamento, ela aproveitava com leitura de novos livros quase toda semana) e ela também sentia falta das saídas dela com Jim, só os dois. Não demorou muito para eles observarem que entre as carreiras exigentes e atividades de família, restava pouco tempo para eles relaxarem e cultivarem mais a relação deles no casamento.

Jim e Debbie viram que precisavam estabelecer limites que os protegeriam. Ele começaram a falar "não" para alguns domingos em família. Primeiramente falar "não"

*Faça seu conjugue ser prioridade sempre.*

soava esquisito, mas a família compreendia. Eles decidiram tirar férias românticas em um resort de praia ao invés de irem a viagem anual da família que os pais de Jim estavam planejando- um fabuloso cruzeiro para o Alaska. Essa foi a 1º viagem que fizeram depois da lua de mel. Deixaram claro para a família que no próximo ano estariam juntos com eles na viagem. Em meses, os ajustes deixaram eles se sentindo mais equilibrados na vida e mais conectados no casamento.

Aqui vão algumas regras que podem ajudar a manter as interações saudáveis e positivas com os membros familiares:

- Apoie seu conjugue quando der uma notícia difícil ou desagradável para a família de origem dele/dela (principalmente quando se tratar de não comparecer a eventos de família).
- Estabeleça um tom positive quando vocês se encontrarem. Comprimente a família de um jeito que os faça se sentir especiais. Anos atrás, uma doce senhora, Amélia, me aconselhou (Angie). Toda vez que eu ia em sua casa, ela e o marido parravam o que estivessem fazendo e exclamavam com alegria "Angelita está aqui!" Seu aconchego, alegria em receber sempre me faziam sentir especial. Eu decidi que eu queria aderir a isso na minha família. Imediatamente eu comecei a receber o Ed dessa forma, nossos filhos com abraços calorosos toda vez que entravam em casa. Nossos filhos adultos já tem um lar deles, mas sempre podem contar com uma mãe e pai que os receberão de braços abertos.
- Encare desafios de família juntos. Apoie seu conjugue de formas que demonstre seu interesse e cuidado. Evite minimizar, desconsiderar, negligenciar as preocupações de seu conjugue. Ouvir as raivas, os medos, as tristezas, o desapontamento de seu conjugue é a melhor atitude que pode tomar. Seja uma pessoa que seu conjugue pode procurar para desabafar e compartilhar coisas.
- Lembre que não pode controlar a forma que os membros das famílias interagem com você. Porém, você pode controlar a forma que você responde à interação. Busque reconciliação sempre que houver desentendimentos. Você e seu conjugue podem até esperar e torcer que familiares não tenham atitudes desagradáveis, mas o melhor preditor de comportamento futuro é o comportamento passado, sendo assim, a mudança é improvável. Se for necessário

proteger um de vocês, ore por amor, graça e perdão ao estabelecer limites necessários.
- Fale sobre seu conjugue de forma positiva, e não compartilhe problemas conjugais com membros da família. É fácil buscar apoio de familiares quando se está frustrado, mas depois do conflito você vai estar em paz com seu conjugue, mas seus familiares podem ter dificuldade de esquecer a chateação que seu conjugue causou a você. Se você precisa compartilhar problemas conjugais com alguém, faça com um amigo do mesmo sexo que você ou um profissional na igreja, alguém que te ajude.

Julie e Steve já estavam casados há 21 anos quando eles foram ao meu consultório (Kathy Jo). Eles estavam separados há meses, porque Steve tinha sido infiel. Julie pediu para Steve se mudar da casa deles enquanto ela processava a mágoa e a raiva. Ela disse a Steve que precisava de tempo para pensar sobre o futuro. Steve se mudou para a casa dos pais. Ele começou a conversar com seus pais, especialmente com sua mãe, sobre os problemas que ele tinha com Julie. Buscava apoio e uma justificativa para o ato dele.

Durante a separação, Julie se confidenciava com seus pais e sua irmã. Ela admitia que precisava conversar com alguém da família todo dia para lidar com tantos sentimentos vindo à tona. Julie também começou a compartilhar coisas com sua filha de 17 anos, Lisa. Julie sabia que não era correto tragar a filha para os problemas do casamento- afinal, Steve também era o pai de Lisa- mas era muito tentador e muito conveniente resistir já que Lisa estava apoiando e acolhendo Julie, especialmente durante as tardes quando Julie não parava de chorar.

Quando Julie e Steve começaram o aconselhamento, a família possuía sentimentos confusos. A família de Julie achava que ela não tinha que dar uma segunda chance para Steve. Eles a alertaram que ele provavelmente teria outro caso com alguém: "Uma vez infiel, sempre infiel. " A filha deles, Lisa, estava com muita dificuldade de perdoar o pai. Ela sentia raiva porque seu pai havia mentido, traído e magoado a sua mãe de uma forma tão terrível. Inclusive, Lisa disse que jamais iria confiar em outro homem (incluindo seu pai)!

Após um longo processo de cura e reconstrução da confiança Steve e Julie decidiram ficar juntos e trabalhar no desenvolvimento de um "novo" casamento. Os membros da

*Fale sobre seu conjugue de forma positiva, e não compartilhe problemas conjugais com membros da família*

família não fizeram parte, obviamente, das difíceis, porém elucidativas sessões de aconselhamento. Steve e Julie começaram a entender porque a infidelidade ocorreu, mas eles resistiram e não compartilharam nada com seus familiares. O envolvimento da família complicou ainda mais a recuperação deles. Cada membro da família possuía um sentimento com relação ao caso. Teria sido muito melhor se Steve e Julie não tivessem compartilhado nada do casamento com seus familiares, especialmente com Lisa.

Sua relação com seus filhos e familiares pode trazer uma alegria interminável ou um enorme estresse. Faça seu casamento ser uma prioridade. Unam-se em decisões relativas a família. Orem por sabedoria e pela ajuda de Deus enquanto encaram desafios juntos.

---

Por favor responda as seguintes perguntas independente de seu conjugue. Não compare as respostas até a próxima sessão.

1. Se vocês têm filhos, colocam eles ou o conjugue em 1o lugar? Explique.

2. Se vocês tem filhos, qual é a área que vocês mais discordam na criação deles?

3. Descreva a relação que possui com seus pais. Como que essa relação afeta ou molda seu casamento?

4. Vocês compartilham problemas conjugais com a familia?

5. Quais questões com familiares está criando problemas em seu casamento? Como você e seu conjugue podem mudar essa situação?

- Traga uma foto dos seus familiares para a sessão dessa semana.

## Capítulo 11

# Comunicação

*Não digam palavras que fazem mal aos outros, mas usem apenas palavras boas que ajudam outros a crescer na fé e a conseguir o que necessitam, para que as coisas que vocês dizem façam bem aos que ouvem.* —Efésios 4:29

A comunicação é para o relacionamento o que o sangue é para o corpo humano. É vital e tem a ver com a sobrevivência. Mas assim como o corpo humano pode morrer se uma infecção se espalhar para órgãos vitais através da corrente sanguínea, o casamento pode morrer se destruição se espalhar para partes vitais da relação através da comunicação. Praticar uma comunicação saudável, efetiva é crucial para ter sucesso no casamento.

Casais geralmente compartilham sentimentos fortes sobre como as habilidades comunicativas deles pioram, falando coisas como, "Você nunca me escuta. Quando eu começo a falar você me interrompe. " "Nós sempre acabamos brigando sobre tudo. Qual a graça?" "Você nem tenta mais falar comigo, já começa gritando!"

Quando casais tem dificuldades dentro da relação, eles geralmente dizem que possuem pouca habilidade comunicativa. O fato é que casais estão sempre se comunicando, quer eles percebam ou não. Uma porta batida com força, um suspiro, uma virada de olhos, até um silêncio é uma forma de se comunicar. Nós enviamos mensagens quando falamos ou não falamos. Comunicação ruim não é o problema, mas sim o sintoma. Nesse capítulo, discutiremos 6 componentes da comunicação saudável.

A comunicação consiste de 5 componentes: conteúdo, tom, linguagem corporal, tempo e saber ouvir. Em outras palavras, comunicação envolve *o que* nós falamos, *como* nós falamos, a linguagem corporal que usamos enquanto falamos, e como o que falamos é ouvido. Vamos olhar para cada componente e ver como contribui para uma comunicação amável.

Conteúdo se refere a palavras que nós usamos para comunicar nossos pensamentos. Nossas palavras são a ferramenta mais importante que usamos para nos comunicar de forma precisa, efetiva e rápida. Muitos problemas podem surgir deste conteúdo. Podemos ter dificuldades de expressar nossos pensamentos ou sentimentos com as palavras corretas. Homens e mulheres diferem em como eles comunicam o conteúdo. Você pode achar que comunicou algo enquanto seu conjugue entendeu algo totalmente diferente.

O tom se refere ao volume e entonação que usamos quando estamos nos comunicando. O tom pode mudar o significado do conteúdo. É a pontuação da nossa palavra falada. (Imaginem como seria difícil escrever sem pontuação). O tom comunica muitas coisas, incluindo entusiasmo, desinteresse e raiva.

As vezes nós falamos em um tom que soa inofensivo para nós, mas o conjugue recebe o tom de forma diferente. Na conversa de Jess e Susan em meu escritório (Kathy Jo), houve um momento que Susan virou para Jeff e falou, "Não fale comigo nesse tom. " Jeff respondeu surpreso, "Não entendi, eu mal levantei a voz. " Depois disso, ocorreu o contrário quando Jeff disse, "Você não precisa ficar tão zangada. " Susan respondeu, "Eu não estou zangada. Estou frustrada porque não me ouve. " Eles não tinham percebido que o tom ao falar estava afetando a conversa deles.

Sempre precisamos ficar atentos para como nosso tom de voz reflete críticas, culpas ou sarcasmos- todos eles podem ser destrutivos para o nosso casamento. Se o seu conjugue levantar a voz, uma boa estratégia é abaixar ainda mais a sua: "A resposta calma desvia a fúria, mas a palavra ríspida desperta a ira" (Provérbios 15;1). Nós devemos observar mais o tom que usamos em conversas com o conjugue e usar o tom para refletir emoções produtivas como preocupação, carinho, apoio e amor incondicional.

A linguagem corporal se refere a posição e movimento de nossos corpos quando nos comunicamos. É a forma de linguagem não verbal.

Um estudo em UCLA indicou que até 93% da efetividade na comunicação é determinada por dicas não verbais. Um outro

---

*Sempre precisamos ficar atentos para como nosso tom de voz reflete críticas, culpas ou sarcasmos-todos eles podem ser destrutivos para o nosso casamento.*

estudo realizado indicou que o impacto de uma performance foi determinado 7% pelas palavras usadas, 38% pela qualidade da voz, 55% por comunicação não verbal.[6]

Comunicação não verbal é a forma de comunicação mais involuntária; portanto, é a mais honesta. Mensagens não verbais são comunicadas através de gestos, posturas, expressões faciais e outros comportamentos. Você pode não ser um expert em linguagens corporais mas de vez em quando vai perceber quando alguém falar dessa forma, transmitindo mensagens não verbais. Aqui vão algumas dicas de linguagem corporal que pode usar para se comunicar de forma mais positiva:

- Faça contato visual com seu conjugue quando se comunicar.
- Use toque físico para expressar aprovação, carinho, preocupação ou apoio. Um toque amoroso pode ajudar seu conjugue a se sentir seguro em compartilhar suas emoções.
- Estude a comunicação não verbal de seu conjugue, pode falar muito com você por mais que não haja palavras.
- Esteja ciente dos sinais que sua comunicação não verbal está transmitindo, se são mensagens positivas ou negativas. Você está transmitindo um gesto amoroso, carinhoso e respeitoso ou está transmitindo um gesto crítico, defensivo?

O "timing" se refere a quando você escolhe se comunicar. Você pode ser claro no conteúdo, tom e linguagem corporal mas se você escolher um "timing" ruim, sua comunicação pode ser inefetiva, ou pior, você pode comunicar o oposto que queria dizer.

Durante a nossa mentoria (Ed e Angie) sobre comunicação, com Sandy e Brad, Brad disse que Sandy tinha uma mania de largar "bombas" nele quando iam a igreja. Ela guardava as notícias chatas para falar nesse momento que chegavam a igreja porque sabia que ele não poderia reagir. Ela guardava notícias como, "Ah, meus pais virão essa tarde para jantar." Isso piorava tudo porque ele não só recebia notícias ruins como também se sentia sabotado nesse processo.

---

[6] Susan M. Heathfield, "Listen With Your Eyes: Tips for Understanding Nonverbal Communication," About.com, htt//humanresources.about.com/od/interpersonalcommunicatio1/a/nonverbal_com.htm (accessado em junho 25, 2012).

O ditado "*Timing* é tudo" é real. É bom escolher seu timing de forma sábia quando se está comunicando assuntos mais importantes. Escolha momentos quando você não está cansado(a), com pressa ou preocupado(a). Tenha cuidado para não falar de assuntos mais delicados quando tiver criança presente. Ouvir é uma das coisas mais importantes na comunicação saudável e efetiva. Todo mundo deseja e precisa ser ouvido. Quando conjugues não se ouvem, o resultado é geralmente a frustração, raiva, falta de comunicação, desentendimento e mágoa. Ser um mau ouvinte pode ser um traço genético de família. Se você ou seu conjugue foram criados em um ambiente que ninguém se ouvia ou que ninguém conseguia se expressar direito, você provavelmente terá dificuldades de se comunicar e de ouvir efetivamente.

O especialista em comunicação Michael P. Nichols, diz "Ser um ouvinte genuíno significa suprimir seu julgamento pessoal, memória e desejos- e por ao menos um momento existir apenas para o outro, "[7] Esteja em alerta para o que bloqueia a compreensão: julgamentos, fantasias diárias sobre desejos e expectativas inatingíveis, conselhos, leitura da mente, interpretação seletiva, respostas calculadas e previamente planejadas, mudanças de assuntos (através de acusações, postura defensiva e comportamento passivo-agressivo). Bons ouvintes ouvem com a mente aberta. São cuidadosos para não julgar os sentimentos de seus conjugues. São cuidados para não julgar a motivação de seu conjugue, seguindo o ensinamento de Paulo para Corinto, "Portanto, não julguem nada antes da hora devida; esperem até que o Senhor venha. Ele trará à luz o que está oculto nas trevas e manifestará as intenções dos corações. Nessa ocasião, cada um receberá de Deus a sua aprovação" (1 Coríntios 4:5). Eles ouvem com toda a sua atenção ao invés de planejar e pensar numa resposta. Um jeito de comunicar que está ouvindo é parafrasear o que ouviu e falar de volta para o conjugue. Isso se chama escuta reflexive. A Bíblia explica melhor: "Sejam todos prontos para ouvir, tardios para falar e tardios para irar-se", (Tiago 1:19)

---

[7] Michael P. Nichols, *The Lost Art of Listening: How Learning to Listen Can Improve Relationships* (New York: Guilford, 1995), 64.

Em momentos precisamos comunicar verdades duras ao nosso conjugue. Ser confiável é extremamente importante em nossa batalha contra o pecado. Provérbios 27;17 diz, "Assim como o ferro afia o ferro, o homem afia seu companheiro. " Quem melhor para nós esperarmos a verdade do que o nosso conjugue? Esse tipo de crítica nunca deverá ser entregue com raiva ou com pressa. Deve ser somente entregue com amor e honestidade. Quando considerar se deve ou não confrontar seu conjugue, se pergunte: é verdade? É necessário? A abordagem escolhida é a melhor? Embora exortar biblicamente seu conjugue pode parecer difícil e intimidador, se você trouxer diante de Deus Ele irá te ajudar. Lembre, você também é pecador, então acima de tudo, aborde seu conjugue de forma humilde. Nem sempre, mas na maioria das vezes quando nós corrigimos nosso conjugue da forma certa, o resultado é melhor do que o esperado unindo o casal no processo.

Se vocês, assim como Jeff e Susan, são frustrados em suas tentativas de comunicar efetivamente, não desistam. Considerem os 5 componentes da comunicação- conteúdo, tom, linguagem corporal, timing e ser um bom ouvinte- pratique essas áreas que precisam de melhora. Depois, assim como Efésios encoraja, "Antes, seguindo a verdade em amor, cresçamos em tudo naquele que é a cabeça, Cristo" (Efésios 4;15)

*E verdade? É necessário? A abordagem escolhida é a melhor?*

---

Por favor responda todas as perguntas seguintes independente de seu conjugue. Não compare respostas até a próxima sessão.

1. Em uma escala de 1 a 10, dez sendo a melhor nota. Como você avaliaria a habilidade de seu conjugue em ser um bom ouvinte?

2. Seu conjugue te interrompe com frequência?

3. Você diria que você critica seu conjugue raramente, as vezes ou com frequência?

4. Com que frequência seu conjugue te critica?

5. Dê um exemplo de quando seu conjugue foi grosseiramente honesto ao invés de ser amavelmente honesto com você. Como que ele ou ela poderia ter se comunicado melhor?

6. Qual estilo de comunicação abaixo descreve seu conjugue? Circule as que se aplicam.

   a. Se comunica com poucos detalhes.
   b. Se comunica com detalhes demais.
   c. Se comunica com voz alta e brava.
   d. Falha em comunicar detalhes que eu preciso saber, por exemplo, não me conta sobre uma viagem de trabalho até alguns dias depois que soube que teria que viajar.
   e. Frequentemente não fala sobre o que está pensando de verdade.
   f. Fala coisas que machucam de propósito.
   g. Se retrai e para de falar.
   h. Outros_____.

7. Quando vocês estão na maré boa do casamento ainda ocorrem problemas de comunicação?

## Capítulo 12

## Resolvendo conflitos

*Quando os caminhos de um homem são
agradáveis ao Senhor, ele faz que até os seus
inimigos vivam em paz com ele.
—Provérbios 16:7*

QUANDO NÓS ESTAMOS TRABALHANDO com um casal de noivos e eles falam, "Nós nos damos perfeitamente bem," ou "Nós raramente discordamos, " eu fico mais preocupada do que aliviada. Um dos grandes mitos sobre casamento é que casais bem-sucedidos são aqueles que não brigam. A verdade é que um casamento forte não tem medo de conflitos. Ao invés disso, os conjugues se sentem seguros em expressar o que os incomoda e eles trabalham juntos para resolver diferenças. Em outras palavras, conflitos não destroem casamentos; a falta de habilidade em resolvê-los é o que destrói.

Embora nós lutamos por paz em nossos casamentos, nós somos destinados a ter alguns conflitos. Inúmeros fatores contribuem para conflitos: nossa natureza pecaminosa, compartilhar espaço físico e ter ideias, desejos e preferencias que colidem. Embora desentendimentos sejam inevitáveis, conflitos não devem construir barreiras de ressentimento ou fazer brotar guerras, mas sim devem criar oportunidades para crescimento e compreensão.

Nosso condicionamento para reagir a conflitos está ligado com os tipos de personalidade e comportamentos diferentes, aprendidos por nossas famílias de origem ao longo de nossa criação. Três reações negativas comuns são:

Vencer—Seu objetivo é vencer o conflito. "Eu venci, você perdeu," ou "Estou certo, você errado". A opinião de seu conjugue fica em 2º lugar para a vontade de ganhar sempre. Isso ilustra seu lado competitivo - seu objetivo de sempre ganhar ou seu lado "Eu já sei de tudo"- ao invés de considerar ou ouvir o ponto de vista de seu conjugue

Fugir—Seu objetivo é fugir de conflitos. Isso é uma posição de: "Eu não me importo". Você achar que não há solução em conflitos ou não quer que o conflito aumente. Acima de tudo, você quer evitar o desconforto de lidar com o conflito, então você se afasta fisicamente ou você fica em silêncio, de uma forma passiva agressiva.

Ceder—Seu objetivo é ceder aos conflitos. Isso é quando você deixa fluir e vai seguindo com as exigências de seu conjugue ou concorda com a posição do conjugue ao invés de arriscar um confronto. Mais uma vez, você quer evitar desconforto e conflito. Você prefere guardar seus sentimentos e ceder do que discutir. Você minimiza ou esquece de suas necessidades e opiniões, não querendo se posicionar contra um conjugue bravo(a) ou exigente.

Existem problemas com todas as respostas não saudáveis. Ao invés de encorajar a paz em sua relação, essas respostas promovem frustração, ressentimento e raiva. Deus quer que seu casamento cultive a unidade através do compromisso de trabalharem juntos como um time em todas as áreas de suas vidas. Se a personalidade de um está sendo esmagada para o outro ter o que quer, então vocês não estão trabalhando em equipe. Para manter uma relação forte, ambos precisam ser ouvidos. Seu casamento precisa ser baseado em abertura e honestidade absoluta. O objetivo não é vencer, ceder ou fugir, mas sim resolver o conflito- através de comprometimento- com respeito e amor.

Você tem notado que nem todos os conflitos requerem um confronto grande. Isso não significa que você evita confrontos, apenas significa que pequenos conflitos geralmente se resolvem facilmente. Como diz o ditado, "Não faça tempestade em copo d´água."

Durante um aconselhamento de casados, Debbie e Cody compartilharam uma situação recorrente. Quando Debbie precisava de um intervalo ou quando marcava de sair com amigas, Cody concordava em ficar com os dois filhos ainda crianças. Mas quando Debbie voltava para casa, ela sempre discutia com Cody sobre como ele havia cuidado das crianças. Se comeram besteira, viram muita televisão, não dormiram ou bagunçaram a casa- Debbie sempre tinha um bando de reclamações. Isso fazia mal para Cody, o fazia se sentir desvalorizado, mesmo quando estava se esforçando para ser útil.

Nem todos os conflitos podem ser resolvidos facilmente-especialmente quando raiva, culpa ou estado de defesa está presente. Conflitos maiores ou recorrentes que não se resolvem irão eventualmente trazer amargura ou ressentimento. Conflitos irão apodrecendo se não forem levados em consideração.

Ao usar algumas habilidades para resolver conflitos, que iremos ensinar na próxima sessão, Cody e Debbie conseguiram chegar a uma solução pacifica. Ao invés de esperar que Cody fosse fazer as coisas de seu jeito, Debbie se desapegou de suas expectativas e começou a ser grata pela vontade que Cody tinha de ajudar com as crianças.

Se você está vivendo conflitos recorrentes que não se resolvem em seu casamento, lembre-se da Palavra de Deus, que Ele nos desafia a restaurar a paz, ""Quando vocês ficarem irados, não pequem". Apaziguem a sua ira antes que o sol se ponha, " (Efésios 4:26). Quando nós obedecemos esse comando, nós resolvemos os conflitos no momento correto. Deus quer estar evolvido em cada aspecto de sua vida. Incluindo a solução de conflitos. Convide Deus para tomar controle de sua vida, seja sensível a liderança Dele, e busque paz.

Aqui estão algumas sugestões para considerar quando resolver conflitos com seu conjugue:

- Não insista em estar certo(a) ou ter a razão sempre. Se estiver certo(a), nenhuma defesa será necessária. Se estiver errado(a), nenhuma defesa vai adiantar. Considere uma situação que ambos vencem sempre.
- Foque no presente. Se você está se segurando em mágoas do passado, sua habilidade de ver a situação atual será afetada. Foque no que pode fazer no aqui-e-agora para resolver o problema.
- Ao invés de achar que seu conjugue precisa mudar ou que são incompatíveis, se concentre nas mudanças que você pode fazer. Lembre-se que conflitos são oportunidades para crescimento- para você e seu conjugue.
- Saiba quando se desapegar de algo. Se vocês não podem concordar, concordem em descordar. Acima de tudo escolham suas batalhas. Considerem se as questões valem mesmo o tempo e a energia de vocês.

*Conflitos não destroem casamentos. É a falta de habilidade para resolver conflitos que destrói.*

- Quando um conflito surgir, olhe para a lição que Deus pode estar ensinando a você. Se você ceder a uma vontade de seu conjugue, mesmo que a decisão venha a ser errada, Deus ainda vai trabalhar na vida de vocês.
- Prometam que não importa o quanto estiveram bravos um com o outro, não irão mencionar divórcio ou fazer ameaças sobre divórcio.
- Estejam prontos para perdoar, esquecer e olhar para frente sem olhar para trás ou guardar mágoas. Releia capítulo 3 para mais informações sobre perdão.

Lembrem, conflitos não destroem casamentos. É a falta de habilidade para resolver conflitos que destrói. Conflitos podem acionar emoções fortes que levam a sentimentos de mágoa, desapontamento e desconforto. Quando administrados de forma saudável, conflitos possuem a habilidade de aumentar nossa compreensão um pelo outro, construir confiança e fortalecer o casamento.

---

Por favor, responda as perguntas seguintes independente de seu conjugue. Não compare as respostas até a próxima sessão.

1. Qual a diferença entre uma conversa e uma briga?

2. Fale sobre outro conflito de menor escala que possuam em seu casamento que não precisa ser resolvido (um conflito pequeno é um conflito que não causa danos ao casamento, algo que possa desaparecer com o tempo).

3. Liste um ou mais conflitos moderados em seu casamento (um conflito moderado é um conflito que não ameaça um casamento saudável, onde a solução gerar mais harmonia).

4. Liste um ou mais conflitos graves em seu casamento (um grave conflito é uma questão significante que se deixada sem solução causa danos em um casamento saudável; um conflito recorrente que causa brigas frequentemente).

Como parte do dever de casa, por favor acessem www.marriagebygod.org e assitamo *Conflict Video*. Podem assistir juntos.

# Sessão V

Capítulo 13 □ Intimidade emocional
Capítulo 14 □ Intimidade física
Capítulo 15 □ Protegendo seu casamento do adultério

## Capítulo 13

## Intimidade emocional

*É melhor ter companhia do que estar só—*
*Eclesiastes 4:9*

MICHELLE VEIO AO MEU ESCRITÓRIO (Kathy Jo's) frustrada e desanimada com o casamento. Ela não enxergava nenhuma solução para sua infelicidade, vazio e solidão. Ela estava em conflito sobre terminar com seu casamento, mas a melhor opção parecia o divórcio. Com olhos lacrimejando, ela disse, "Kevin e eu estamos casados há 10 ano- nós moramos juntos e dormimos juntos todo o dia- mas eu não sinto que realmente o conheço. Ele com certeza também não me conhece." Ela continuou, "Não é nada que ele tenha feito especificamente, mas é porque estamos tão distantes, parecemos amigos que moram juntos e não um casal que deveria ser mais próximo um do outro." Não demorou muito para perceber eu o maior problema deles era falta de intimidade emocional.

*Intimidade* geralmente se refere a relação física ou sexual em um casamento. Porém, *intimidade emocional* e *intimidade sexual* não são sinônimos. Intimidade emocional é se sentir confortável para compartilhar seus pensamentos e sentimentos mais profundos. Expressar seus medos, sonhos, esperanças sem encarar julgamento. Talvez a melhor forma de interpretar a intimidade emocional é a frase "vendo-dentro-de-mim".

Michelle tinha muita vontade de conhecer Kevin, e Kevin também tinha vontade de conhece-la. Ela queria que eles compartilhassem suas dificuldades e preocupações, assim como suas alegrias e sucessos. Ela queria discutir com amor as decisões a serem tomadas juntos. A intimidade emocional que ela almejava precisava que ambos compartilhassem e se ouvissem compreendendo as vulnerabilidades um do outro, com empatia.

Neste capítulo, nós vamos examinar os elementos necessários para viver uma intimidade emocional. Nós vamos olhar também para alguns obstáculos que impedem a intimidade no casamento. Você irá avaliar o nível da intimidade emocional de seu casamento.

Deus nos criou a Sua imagem, incluindo algumas características de relacionamento da Trindade. Nós temos a capacidade e desejo de conectar, aproximar, viver em comunidade e depender. Deus planejou para casais casados atenderem as necessidades um do outro com amor e conectar através da unidade no casamento. Intimidade emocional cultiva a unidade. Satanás ataca sempre em 1º lugar o casamento pela destruição da unidade do casal.

Alguns dos principais elementos que fazem parte da intimidade emocional são: amor incondicional (ágape), compromisso, confiança, respeito, honestidade e vulnerabilidade. Intimidade emocional existe quando as duas pessoas estão comprometidas ao bem-estar do outro, confiam um no outro completamente e sabem que estão seguros um com o outro.

> *Medo é um dos maiores impedimentos para se ter intimidade emocional*

Medo é um dos maiores impedimentos para se ter intimidade emocional. Medo pode aparecer em diversas formas: o medo de rejeição, julgamento, perda de controle, aparentar fraqueza ou de ter uma resposta negativa. Deus não quer que nós tenhamos medo de intimidade emocional por nenhuma razão. Esse tipo de medo não provém de Deus. "No amor não há medo; o amor que é totalmente verdadeiro afasta o medo. Portanto, aquele que sente medo não tem no seu coração o amor totalmente verdadeiro." (1João 4;18).

As vezes sofrimentos e traumas do passado nos causam medo ou dificuldade de confiarmos no outro. Se isso é verdade, você pode melhorar seu casamento trabalhando na cura desses machucados. Os profissionais em relacionamentos e psicólogos na área de casamento Milan e Kay Yerkovitch doaram muito da vida deles para ajudar outros casais a entenderem como que experiências precoces do passado atrapalham na habilidade de amar corretamente, portanto afetando a intimidade:

> Muitas pessoas que não tinham conexões mais profundas quando crianças resistem a olhar para o passado, algumas até chegam a rejeitar a ideia de que o passado é significante. Porém, em muitos casos, quanto mais Resistencia de se olhar para trás, mais necessidade há. O objetivo de nosso trabalho:

colocar o passado no passado para que nós possamos viver o presente. Mas o simples fato é que antes de nós aprendermos como amar corretamente, nós precisamos ver claramente como o passado nos moldou.[8]

Esse "imprint" provindo de nossas famílias de origem nos molda, molda nosso comportamento, crenças e expectativas, especialmente no casamento. Considerem como suas primeiras experiências de carinho e conforto (ou falta de) - especialmente proporcionadas por seus pais- moldaram sua habilidade e seus desejos por conexão e aproximação.

Muitos comportamentos e respostas podem ser obstáculos para intimidade emocional. Aqui estão alguns mais comuns:

1. Ser independente é quando um marido ou esposa tende a ser fechado, não está disposto a compartilhar pensamentos e sentimentos, aparentando ser autossuficiente, prefere cuidar de suas próprias necessidades, e não envolve o cônjuge em tomada de decisões. Um casal deve se esforçar para não ter tanta independência nem dependência excessiva, mas a interdependência é sim bastante saudável.
2. Ser esquivo é quando um marido ou esposa se retira quando se sente perturbado(a); prefere não lidar com o conflito; e pode se tornar irritado(a) se seu cônjuge expressar emoções ou necessidades. O outro cônjuge muitas vezes se sente emocionalmente afastado do conjugue esquivo. Apaziguador é uma forma de ser esquivo: tentar evitar o conflito ou hostilidade, fazendo concessões ou apaziguar.
3. Ser passivo agressivo é quando um marido ou esposa prefere ser passivo (silencioso), em vez de expressar sentimentos honestos ou confrontar diretamente, mas, em seguida, age de forma negativa. Pessoas passivo-agressivas nem sempre demonstram raiva ou aparentam ser maliciosas-em vez disso, podem procrastinar, culpar, ficarem mal- humoradas, serem atrasadas, e resistir em realizar tarefas solicitadas ou esperadas.

---

[8] Milan and Kay Yerkovich, *How We Love: Discover Your Love Style, Enhance Your Marriage* (Colorado: Waterbrook, 2011), 24.

4. Ser sarcástico é quando um marido ou esposa brinca dizendo o oposto do que eles significam. O sarcasmo é crítica e é muitas vezes acompanhado por atitudes negativas, como a desaprovação, o desprezo e escárnio. Sarcasmo no casamento pode ser irritante, nocivo e destrutivo.

Se a intimidade que deseja com seu conjugue necessita de melhoria, comece olhando para suas atitudes e comportamentos. O pecado é um dos maiores bloqueios que impedem intimidade emocional em casamentos. Vá para a presença de Deus em silêncio e peça a Ele para Ele revelar os pecados em sua vida que podem estar atrapalhando seu casamento. A vulnerabilidade com seu conjugue começa quando se é vulnerável com Deus. Podemos apenas acolher essa ideia de "dois corações que se tornam um" colocando Deus como centro de tudo, sendo submissos a Ele. Se você está tendo dificuldades com pecado, confesse e se arrependa na presença de Deus. Depois humildemente compartilhe suas dificuldades com seu conjugue de forma transparente, honesta em uma conversa. As perguntas sobre discussão no fim desse capítulo irão ajuda-los a começar o processo.

A propósito, Michelle e Kevin (o casal do início deste capítulo) trabalharam em conjunto de uma forma dedicada ao longo de suas sessões e fizeram grande progresso. Michelle veio a entender que ela afastou Kevin com expectativas irrealistas, murmurações e muita demanda por atenção. Em vez de dizer para Michelle como se sentia sobre suas exigências, Kevin se afastou, assistindo televisão e evitando Michelle propositalmente. Kevin aprendeu este tipo de comportamento com seu pai que era passivo e que raramente estava disponível.

Depois de reconhecer seus comportamentos inadequados, Kevin e Michelle começaram lentamente a compartilhar seus sentimentos verdadeiros e foram capazes de aprender a se sentirem confortáveis para pedir o que eles precisavam um para o outro. Michelle aprendeu novas maneiras de expressar seus sentimentos sem irritar Kevin. Kevin aprendeu a expressar sua necessidade, que era ter um tempo sozinho de vez em quando. Michelle não se sentia mais vazia e sozinha. Ao melhorarem a sua capacidade de ser vulnerável, para entender e conhecer o outro, eles lentamente começaram a gostar de passar mais tempo juntos.

*A vulnerabilidade com seu conjugue começa quando se é vulnerável com Deus*

Intimidade emocional não significa que você vai ver tudo olho-no-olho com o seu cônjuge. Em vez disso, significa que quando vocês descordarem (algo normal de acontecer em um casamento saudável), você ainda pode ser sensível ao ponto de vista do seu parceiro. Intimidade emocional dá confiança para discutir diferenças dentro de um ambiente seguro e de se comprometerem juntos quando necessário. Esta forma de partilha desenvolve um conhecimento mais profundo e entendimento entre você e seu cônjuge ("vendo-dentro-de-mim"). Não se esqueça, quanto mais intimidade emocional tiverem mais provável será a satisfação de ambos, pois irão atender as necessidades um do outro. Que esta seja o tipo de intimidade que você experimenta em seu relacionamento!

---

Por favor, responda as perguntas seguintes independente de seu conjugue. Não compare as respostas até a próxima sessão.

1. Avalie com precisão as afirmações seguintes com as siglas:

**QS= Quase sempre.**

**AV= Às vezes**

**PM= Precisa melhorar**

| Statement | Rating |
|---|---|
| Eu me sinto emocionalmente conectado(a) e compreendido(a) pelo meu conjugue. | |
| Eu me sinto confortável e seguro(a) em compartilhar meus pensamentos profundos e sentimentos com meu conjugue | |
| Eu confio em meu conjugue para ouvir e guardar minhas confidências. | |
| Eu sinto que meu conjugue me conhece mais do que qualquer outra pessoa. | |
| Nós tomamos decisões importantes juntos como um time. | |
| Nós nos relacionamos sabendo que nós estamos de baixo da autoridade de Deus e um do outro. | |
| Nós oramos juntos regularmente. | |

2. Quais comportamentos e reações atrapalham a intimidade emocional em seu casamento (como sarcasmo, se evitarem, ser passivo-agressivo, crítico, murmurar, ficar com raiva, ou questões familiares)?

3. Como ficaria seu casamento se melhorassem na intimidade emocional? Quais mudanças você gostaria que ocorressem?

**4.** Complete a afirmação, "Isso é o que eu gostaria que soubesse sobre mim para que me compreendesse melhor..."

## Capítulo 14

## Intimidade Física

*Eu sou do meu amado e meu amado é meu*
*—Cântico dos cânticos 6:3*

Quando Deus colocou Adão e Eva no Jardim do Éden, eles se sentiam plenos e conectados com o físico e emocional, tinham unidade. Gênesis 2:25 diz, "Tanto o homem como a sua mulher estavam nus mas não sentiam vergonha." Em seu livro, "Celebração do sexo", Dr. Douglas Rosenau comenta sobre essa passagem:

É tremendamente comovente pensar no plano original de Deus -de uma só carne. Adão e Eva, antes da queda do Éden, tinham a maravilhosa capacidade de serem livres de vergonha e medo, na nudez física e emocional. Eles se deleitavam em uma ingenuidade e curiosidade infantil, explorando, dando e recebendo amor. O sexo era uma gloriosa, celebração inocente vivida com honestidade instintiva, respeito e entusiasmo pela vida. Ficavam nus e sem vergonha, sem a ansiedade do desempenho, inibições, dor ou egoísmo. Que relacionamento e vida sexual eles foram capazes de ter por serem verdadeiros e conhecerem o interior um do outro! [9]

---

[9] Douglas E. Rosenau, *A Celebration of Sex* (Tennessee: Thomas Nelson, 2002), 4.

Diferente de qualquer outra relação, Deus dá ao marido e a esposa uma união sexual como forma exclusiva de expressar seu amor um pelo o outro. O Cântico de Salomão é um livro lindo, detalhado. Encontrado no antigo testamento, foca no encontro sensual -no amor Eros- de um marido e esposa. Através do cântico de Salomão nós entendemos o que Deus pensa sobre o sexo- e é algo bom!

Satanás, costuma distorcer as coisas boas que Deus cria. Deus quer que nós, como um casal centrado em Cristo, protejamos diligentemente o casamento na cama, se não desconfiança, insegurança, inibições e sentimentos de traição podem invadir seu casamento. Comunicação clara e honesta com seu conjugue sobre necessidades sexuais são a melhor forma de vencer qualquer ameaça ao relacionamento.

Comunicação e sexo estão interligados exclusivamente no casamento. Não só é a comunicação a chave para ter uma intimidade sexual satisfatória no casamento, Deus usa a intimidade física entre marido e esposa para comunicar o amor, compromisso, carinho, compreensão, divertimento, perdão e amizade íntima. É uma das formas mais intensas e importantes do marido e mulher expressarem sua unidade exclusiva. Negligenciar esta área em seu casamento priva você e seu cônjuge da união especial que Deus deseja para vocês. Abaixo estão algumas coisas a considerar e talvez discutir:

A biologia é diferente entre homens e mulheres. Quando se trata de sexo, o terapeuta familiar Gary Smalley descreve os homens como fornos de microondas e mulheres como panelas de pressão. A maioria dos homens pode alcançar um orgasmo em apenas alguns minutos de concentração focada e estimulação. No entanto, ele geralmente requer uma média de dez a trinta minutos de concentração focada e estimulação adequada, para satisfazer sua mulher e ela chegar a um orgasmo. Devido a estas diferenças, você vai querer entender as necessidades do seu cônjuge. Além disso, não é importante que ambos cheguem a um orgasmo para se ter uma experiência satisfatória. Por causa do tempo adicional e foco necessário para uma mulher chegar ao clímax, às vezes uma mulher pode ter uma experiência gratificante por apenas compartilhar a proximidade física e emocional.

Seja honesto com seu cônjuge sobre suas necessidades sexuais e desejos. Satisfação mutua na intimidade sexual exige ser tanto egoísta como altruísta. Grandes amantes

*Deus usa a intimidade física entre marido e esposa para comunicar o amor, compromisso, carinho, compreensão, divertimento, perdão e amizade íntima*

conhecem os seus próprios corpos e desfrutam de seus sentimentos sexuais, bem como conhecem e respeitem os de seu conjugue. Pergunte ao seu cônjuge o que faria a intimidade sexual de vocês ser mais prazerosa para ele ou ela e compartilhe o que é agradável para você. Lembre-se, o seu cônjuge não pode ler sua mente! Compartilhar suas necessidades e desejos não vai tirar o romance de sua experiência sexual. Pelo contrário, ela permite uma melhor intimidade. Seu conjugue vai ter mais prazer se ele ou ela souber que você está experimentando satisfação sexual também. O objetivo é combinar o melhor que os dois gostam e celebrar uma vida sexual rica juntos.

Homens e mulheres têm diferentes desejos e necessidades emocionais e sexuais. Apesar de um marido e mulher serem destinadas a atender as necessidades um do outro, Deus os criou com diferentes necessidades e reações. Em geral, uma mulher precisa se sentir íntima emocionalmente de seu marido, para desejá-lo sexualmente. Se uma mulher está experimentando tensão com seu marido, ou está fisicamente exausta, fazer amor provavelmente será a última coisa em sua mente. Por outro lado, um homem vai ser arrastado para uma intimidade emocional maior através da relação sexual. Um homem provavelmente ainda sentirá atração sexual por sua esposa e desejará mesmo se houver tensão no casamento. Se ele está se sentindo exausto, ele provavelmente não vai querer investir em intimidade emocional, mas ele poderá desfrutar de relações sexuais para liberar a tensão e exaustão.

Os maridos devem investir na unidade emocional com suas esposas como o primeiro passo para as preliminares. Considerem em criar o ambiente desde o início do dia por meio de um bilhete romântico, uma ligação do trabalho dizendo "Eu te amo," escutar sua esposa e conectar com ela emocionalmente, aliviando ela de algumas demandas do cotidiano, ou dar tempo a ela para um banho de espumas. Um marido vai honrar a Deus por ser um aluno de sua esposa, desenvolvendo uma maior capacidade para a intimidade emocional, e dando especial atenção ao ambiente que irá acender o interesse dela.

Use seus cinco sentidos-visão, tato, audição, olfato e paladar. Deus criou o relacionamento sexual com nosso cônjuge para ser apreciado através de nossos sentidos. Seja criativo e invista tempo para encontrar maneiras para usar seus sentidos na criação de uma vida sexual emocionante! Aqui estão algumas ideias:

- Visão. Crie uma iluminação suave. Porque os homens tendem a ser estimulados visualmente, esposas devem considerar a escolha de uma lingerie que seus maridos irão gostar. As mulheres também devem se sentir confortáveis em ficar nuas.
- Tocar. Certifique-se que a sala está em uma boa temperatura ambiente. Uma massagem suave pode ser uma boa maneira de fazer as coisas começaram. Preste atenção às áreas negligenciadas, como orelhas, pescoço, coxas, etc Use óleo de massagem, ou use uma pena suavemente. Use sua imaginação ...
- Som. A música pode ser uma maneira sensual para definir o ambiente. Mantenha o MP3, Cd player, bluetooth a postos, com suas músicas românticas favoritas.
- Cheiro. Odores podem ajudar ou estragar um encontro sexual. Certifique-se de boas práticas de higiene. Coloque o perfume ou colônia favorita de seu cônjuge. Crie um aroma maravilhoso através de velas.
- Gosto. Como o cheiro, o gosto pode ser memorável. Certifique-se de que você tem um hálito fresco. Saboreie a sua bebida favorita. Tenha alguns de seus sabores favoritos nesta noite romântica.

Os cinco sentidos podem criar um ambiente amoroso, mas eles também podem matar o ambiente: a televisão aos berros sob luzes brilhantes, a possibilidade de ser interrompido por crianças ou ter limitações de tempo não serão o ambiente propício para a maioria (especialmente para as mulheres) desfrutar plenamente de um encontro romântico. Use sua imaginação com todos os seus cinco sentidos para criarem momentos divertidos de intimidade sexual!

A auto aceitação, autoestima, e uma imagem física são importantes. Deus criou exatamente você do jeito que é. Ele nos projetou para termos dons, habilidades e talentos e também para abraçarmos nossas diferenças físicas. Como cristãos, devemos honrar a Deus por ter uma boa autoimagem- aceitando quem somos sem nos comparar com os outros. As mulheres tendem a fazer isso mais que os homens. Não importa o quanto fale que ela é linda, ela ainda tem a tendência de sentir-se insegura sobre sua aparência. Lembre-se, o seu cônjuge se sentiu atraído por você, não por outra pessoa.

Preste atenção à sua saúde, mantenha uma boa higiene, e se exercite, o exercício regular ajudará em sua imagem corporal. Igualmente importante é aceitar as mudanças naturais que ocorrem por meio de mudanças do tempo, como a gravidez, condições de saúde, ou envelhecimento.

Mantenha as necessidades sexuais de seu cônjuge como uma prioridade. O desejo sexual entre marido e mulher é raramente igual. Haverá momentos em que um dos cônjuges (geralmente o marido) estará mais interessado em sexo do que o outro. O amor ágape envolve altruísmo. Tente satisfazer as necessidades sexuais de seu cônjuge, mesmo se você não estiver com disposição, porque é a coisa amorosa a se fazer.

As esposas devem entender que a necessidade física de homens para se envolverem em relações sexuais regulares são diferentes das suas. *Focus on the Family* aconselha esposas desta forma:

> Uma das maiores diferenças entre você e seu marido é o fato de que ele experimenta o sexo como uma necessidade física legítima. Assim como seu corpo lhe diz quando você está com fome, com sede, ou cansado, o corpo do seu marido diz quando ele precisa de uma liberação sexual. Imediatamente após a liberação sexual, os homens são fisicamente satisfeitos. Mas como seu relógio sexual não para, pensamentos sexuais tornam-se mais regulares, e eles são mais facilmente despertados. A necessidade física para a liberação sexual se intensifica à medida que os espermas são produzidos nos testículos. A melhor maneira para uma mulher entender essa dinâmica é relacioná-la com outra necessidade fisiológica. Se você teve um bebê, você pode referir-se à experiência de produção do leite em seus seios alguns dias após o parto. O acúmulo de leite materno torna-se irritante (e até mesmo dolorosa) até que o leite é expelido. Assim como com o leite materno, a produção de esperma tende a "acompanhar a demanda." Quanto mais vezes um homem fizer sexo, mais sémen seu corpo irá produzir.[10]

---

[10] Juli Slattery, "Sex Is a Physical Need," Focus on the Family, http://www.focusonthefamily.com/marriage/sex_and_intimacy/understanding-your-husbands-sexual-needs/sex-is-a-physical-need.aspx (accessado Junho 25, 2012).

Depois de um certo número de dias sem sexo, um homem geralmente se sente negligenciado por sua esposa e conclui que ela não se importa com ele. Ele provavelmente vai se tornar irritável. Ele pode até ficar ressentido. A esposa sábia não vai ignorar as necessidades sexuais do seu marido. Ela vai oferecer seu corpo como um presente, não usar desculpas como estar muito cansada, estar muito ocupada, ou estar com dor de cabeça. (Na verdade, estudos têm mostrado que a atividade sexual pode ser o melhor remédio para se livrar de uma dor de cabeça). Ela pode, por vezes, satisfazer as necessidades do seu marido através de encontros rápidos ("rapidinhas"). Porém, em outras ocasiões, eles devem ir com mais calma e criarem um encontro mais agradável para ambos. E às vezes o casal pode querer fazer uma ocasião especial desse evento.

Outro detalhe significativo que conta na satisfação sexual de um casal é a ascensão e queda de testosterona durante o ciclo menstrual de uma mulher. Isso varia significativamente ao longo do mês e vai afetar seu desejo sexual e prazer. Abaixo estão alguns fatos interessantes compartilhados por Gabrielle Lichterman, autor e fundador da Hormonologia. Eles identificam os dias específicos no ciclo menstrual da mulher em que o sexo será mais agradável. Um marido e uma mulher podem se beneficiar prestando atenção a este ciclo mensal.

## Hormonologia-Guia para a relação sexual

- Dias quentes: Dia 1 (1o dia da menstruação) ao dia 14 (ovulação), pico no dia 13 se mantendo elevado no Dia 14.
- Dias mornos: Dia 15 ao dia 23
- Dias quentes e com BÔNUS: Dia 24 ao fim do ciclo
- Momento mais intenso para o sexo: A manhã do dia 13. "A manhã é quando o pico de testosterona do homem atinge o pico em seu ciclo hormonal de 24hrs. Dia 13 também é quando a testosterona da mulher atinge o pico em seu ciclo hormonal. Quando esses dois ciclos se encontram, podem criar o ambiente perfeito para o melhor sexo do mês," afirma Lichterman.[11] Marquem em seus calendários!

---

[11] Armen Hareyan, "Women Can Now Predict When They Will Have The Best Sex," January 20, 2006, EmaxHealth,
http://www.emaxhealth.com/48/4247.html (accessed June 25, 2012).

Há mudanças relacionadas à idade que são naturais de ocorrerem em nossos corpos. Elas (como a menopausa e disfunção erétil) podem impactar o nosso prazer sexual e vida de casal.

A menopausa pode causar sintomas físicos como secura vaginal, ondas de calor, sono perturbador, energia mais baixa, sentimentos emocionais de ansiedade, tristeza, perda ou depressão. Cada mulher é única na forma como a menopausa a atinge. Segundo a Clínica Mayo, a menopausa pode acontecer em seus 40 ou 50 anos, mas a idade média é de 51 nos Estados Unidos[12]. O sintoma de secura vaginal geralmente pode ser tratado através do uso de lubrificantes solúveis em água. Ajustes na dieta, exercícios cardiovasculares, alterações do estilo de vida e terapia de reposição hormonal também são benéficos para minimizar os sintomas da menopausa. As mulheres devem procurar o conselho de seu ginecologista sobre a melhor forma de tratamento para seus sintomas.

De acordo com o estudo de Massachusetts- *Male Aging Study*-, cerca de 40% dos homens sofrem de algum grau de incapacidade de ter ou manter uma ereção aos 40 anos em comparação com 70% dos homens de 70 anos[13]. Há uma variedade de tratamentos disponíveis para os homens que têm disfunção eréctil. Um homem deve consultar seu médico para determinar o melhor tratamento. Mudanças de estilo de vida tais como fazer exercícios, perder peso, evitar álcool, e parar de fumar também são boas recomendações.

A intimidade física deve ser uma celebração do companheirismo de serem uma só carne. Maridos e esposas devem se unir com uma confiança igual a de uma criança-explorar, dar e receber amor-. Se isso não é como você descreveria a última vez que tiveram relação sexual, discutir as seguintes perguntas deverá ajudá-los a começarem a desfrutar de maneiras novas e emocionantes.

---

[12] Mayo Clinic Staff, "Menopause," Mayo Clinic, http://www.mayoclinic.org/diseases-conditions/menopause/basics/definition/con-20019726.[1]

[13] William C. Shiel Jr., reviewer, "A Picture Guide to Erectile Dysfunction, July 13, 2013, MedicineNet.com, http://www.medicinenet.com/impotence_pictures_slideshow_erectile_dysfunction/article.htm, slide 4.

Por favor, responda as seguintes perguntas independente de seu conjugue. Não compare as respostas até a próxima sessão.

1. Você está gostando da intimidade sexual que vocês vivem, de uma forma agradável como explicado acima. Se não, qual é o fator perturbador? (Alguns exemplos podem ser fadiga, estresses da vida, respostas negativas do conjugue, auto estima baixa, performance ansiosa, dor, questões de saúde, medicação ou falta de intimidade.) Explique.

2. Você se sente confortável em discutir suas necessidades sexuais com seu conjugue?

3. Você se sente confortável em ficar nu(nua) na frente de seu conjugue?

4. Você tem desejo sexual com mais ou menos frequência que tem relações? Você acha que seu conjugue deseja menos ou mais intimidade sexual?

5. Quais são formas criativas de você manter o romance vivo em sua relação?

CAPÍTULO 15

# Protegendo seu casamento do adultério

*O casamento deve ser honrado por todos; o leito conjugal, conservado puro; pois Deus julgará os imorais e os adúlteros—Hebreus 13:4*

"EU NUNCA TERIA UM CASO COM ALGUÉM! Casos só ocorrem com outros casais." Se é assim que você se sente, então a primeira coisa que você precisa é reconhecer que ninguém está imune a um caso extraconjugal.

Algumas pesquisas feitas com a população sugerem que de 50% a 60% dos maridos e 45% a 55% das esposas tem um caso até seus 40 anos de idade.[14] A ocorrência de infidelidade entre cristãos chega perto da população geral.[15] Uma pesquisa patrocinada pela *Christianity Today* descobriu que 23% dos 300 pastores avaliados admitiu algum envolvimento sexual inapropriado com alguém que não fosse a esposa.[16] Por ser muito recorrente, é necessário estar atento.

Deus é claro e diz que o leito conjugal deve se manter puro (Hebreus 13;4). Pecado sexual inclui não somente ato físico-adultério- mas também a cobiça.

---

[14] Grant L. Martin, "Relationship, Romance, and Sexual Addiction in Extramarital Affairs," *Journal of Psychology and Christianity* 8, no. 4 (Winter 1989): 5.

[15] Dave Carder, *Torn Asunder: Recovering from an Extramarital Affair* (Chicago: Moody, 2008), 25.

[16] D. J. P. Huson, "Predictors of Infidelity among Pastors" (master's thesis, Biola University, 1998).

Jesus disse, "Vocês ouviram o que foi dito: 'Não adulterarás'. Mas eu digo: Qualquer que olhar para uma mulher e desejá-la já cometeu adultério com ela no seu coração." (Mateus 5;27–28). O dicionário *Merriam-Webster Dictionary* define luxúria como uma vontade enorme, intensa. Um pensamento corriqueiro sobre alguém ser atraente não é um pecado, mas um pensamento intenso de desejo por alguém que não seja seu conjugue é adultério aos olhos de Deus.

Os avisos de Deus sobre adultério e os Seu mandamento para ser fiel no casamento é motivo o bastante para você entender que sempre deve proteger seu casamento. Assim como você não pode se vacinar de uma gripe quando se já está doente, você não pode se proteger da traição quando já cometeu o adultério. Proteger seu casamento requer estabelecer limites, que deverão ser respeitados sempre.

Jennifer estava animada de estar em uma equipe da igreja responsável por missões. Estavam se preparando para uma missão. O marido dela não estava livre para ir às reuniões. A equipe ficou meses se preparando antes de viajarem. Se encontravam semanalmente, para tomar decisões, se organizarem e se conhecerem melhor. Joey, que estava divorciado recentemente, era um dos amigos próximos de Jennifer. Compartilhava da mesma paixão e compromisso com o projeto do ministério de missão. Jennifer ficava ansiosa pelas reuniões de equipe e para ver Joey também.

Uma noite, Jennifer e Joey começaram a conversar sobre a vida pessoal deles. Joey compartilhou suas decepções com o casamento que havia terminado. Jennifer disse a Joey que embora amasse seu esposo, ele não parecia se interessar em ouvi-la falar sobre o projeto e estava sempre ocupado. Logo, estavam os dois se apoiando emocionalmente. Eles se sentiam compreendidos um com o outro. Infelizmente, a viagem missionária abriu espaço para uma oportunidade de se aproximarem ainda mais. Jennifer e Joey não programaram ter intimidade sexual, mas tudo foi se direcionando a esse ponto. É assim, com essa facilidade que tudo pode ocorrer. É assim que uma situação inocente se transforma em infidelidade.

Jennifer negligenciou proteger seu casamento. Joey, divorciado, encorajou uma relação inapropriada. Ambos estavam solitários e vulneráveis. Sem limites, foi fácil fazer com que a relação se tornasse susceptível a um caso. Nós

> *Assim como você não pode se vacinar de uma gripe quando se já está doente, você não pode se proteger da traição quando já cometeu o adultério*

recomendamos essas dez proteções para seu casamento se guardar e não se tornar vulnerável:

1. Mantenha Cristo como centro de seu casamento. Isso inclui ir aos cultos juntos, ler a Bíblia juntos, orar junto.
2. Atenda às necessidades de seu conjugue, emocionais e físicas. Tente satisfazê-las sempre. Entendas as suas necessidades e comunique elas também.
3. Invistam tempo juntos, intencionalmente criem ambientes em casa que sejam agradáveis, para se sentirem bem juntos. Se divirtam, achem atividades legais para fazerem juntos. Planejem encontros a noite. Seu casamento deve ser baseado em uma amizade sólida.
4. Não gaste tempo demais com um casal. Estatísticas mostram que casos geralmente ocorrem entre casais que passam muito tempo juntos.
5. Fique longe de problemas conjugais de outras pessoas do sexo oposto. Um marido não deve discutir sobre seus problemas conjugais com outra mulher, e uma esposa não deve discutir com um outro homem. Decidam a não começarem conversas que levem a isso. Não permitam que procurem vocês para fazer o mesmo.
6. Fiquem longe de ambientes para solteiros. Problemas ocorrem quando se sai com amigos solteiros que estão em busca de diversão com o sexo oposto. A vida conjugal não é igual a vida de solteiro. Sempre esteja com pessoas que apoiem seu casamento.
7. Guarde todo o seu afeto para seu conjugue. Beijar na boca e abraçar devem ser ações a ser praticadas com seu conjugue. Se você não sabe a diferença entre um abraço mais íntimo e um abraço amigável pergunte a seu conjugue.
8. Guarde seu coração e mente. A internet pode parecer inocente a princípio, mas também pode ser uma ameaça. Esteja honrando os limites estabelecidos online também. Crie limites na sua conta de Facebook. Sempre deixe a conta disponível para o conjugue. Esteja alerta a qualquer pessoa ou oportunidade que pode tentar sua mente. A internet também dá acesso imediato a pornografia. Tentem ir para cama juntos. Se você tem dificuldades com

isso procure um amigo cristão maduro ou se necessário uma ajuda profissional.
9. Evitem amizade muito próximas com o sexo oposto. Casais geralmente entram no casamento com amigos próximos do sexo oposto. Uma vez casados, encontrarem ou falarem com esse amigo, estando sozinhos, não é apropriado. O ambiente de trabalho pode também apresentar situações. Tenha certeza sempre de manter as conversas apropriadas. Evite interação social fora do trabalho, guarde seu coração. Se o seu conjugue está desconfortável com uma relação que possui com uma pessoa do sexo oposto, descontinue a relação.
10. Entenda que seu casamento não está imune a um adultério. Nunca abaixe a guarda. Casos extraconjugais acontecem quando menos se espera. Estabeleça limites para protegerem o casamento de vocês.

Manter a chama acesa da sua casa é a melhor forma de proteger sua relação. Um casamento está vulnerável quando um dos conjugues procura aceitação fora de casa. Lembrem-se, você é muito importante e representa um papel importante na autoimagem de seu conjugue e como ele ou ela sente a relação. Admire, cuide e aprecie seu conjugue, trabalhem em equipe. Quando se tem amor em casa, não há necessidade de procurar fora de casa.

---

Por favor, responda as perguntas seguintes. Não comparem as respostas.

1. De quais formas você tem contato com amigos, sócios, do trabalho ou não, do sexo oposto, individualmente, sem seu conjugue saber.

- Ligações por telefone

- E-mail

- Mensagens-SMS/Whatsaap etc

- Comentários em posts do Facebook ou outra mídia.

- Mensagem privada do Facebook (ou outra mídia)

- Um cafezinho no intervalo

- Refeições, drinks
- Reuniões de negócios
- Evento social

2. Liste 5 atividades ou hobbies que você gostaria de fazer com seu conjugue.

3. Existe algum relacionamento fora do casamento que precise de limites? Quais passos ativos você sugere para colocar isso em ordem?

4. Qual é a sua atitude perante a pornografia?

5. Você e seu conjugue tem total acesso às mídias sociais um do outro? Vocês de vez em quando checam o histórico do outro na internet?

6. Você está confortável com o tempo que seu conjugue passa longe de você? Explique.

# Session VI

Capítulo 16 ☐ Finanças

Capítulo 17 ☐ Metas do casamento

Capítulo 18 ☐ Mantendo a chama acesa

CAPÍTULO 16

# Finanças

*"Nenhum servo pode servir a dois senhores;
pois odiará a um e amará ao outro, ou se
dedicará a um e desprezará ao outro. Vocês
não podem servir a Deus e ao Dinheiro".*
—Lucas 16:13

JOHN ESTAVA ANDANDO COM SUA esposa Carrie, achando que discutir sobre finanças seria menos pior em um cenário agradável. Quando eles viram um homem sujo com roupas rasgadas, bebendo algo de uma bolsa de papel marrom, John disse a Carrie, "Está vendo aquele homem? Ele vale 15,000 Dólares a mais que nós dois." Chocada, Carrie disse, "O que ele está fazendo sem abrigo então?" John explicou, "Ele é um bêbado, não vale nada, mas nós estamos com uma dívida em 15,000 Dólares."

Muitos casais hoje estão com dívidas. É uma das coisas comuns de se ver nos casamentos que tem problemas. Muitas pesquisas mostram que o fator dinheiro é a causa principal em divórcios. Nossas escolas ensinam muitas coisas, mas raramente falam de organização financeira. Não saber cálculo ou francês não vai alterar a dinâmica de um casamento, mas não saber se organizar financeiramente vai.

A Bíblia fala muito de administração financeira. Aliás, dinheiro é o segundo principal assunto da Bíblia depois do assunto Reino de Deus. Ao começarmos essa sessão em princípios financeiros, vamos matar três mitos comuns:

Mito 1: Dinheiro é a raíz de todo o mal. Na Bíblia, não é o dinheiro que é mau, mas o amor ao dinheiro: "pois o amor ao dinheiro é raiz de todos os males. Algumas pessoas, por cobiçarem o dinheiro, desviaram-se da fé e se atormentaram a si mesmas com muitos sofrimentos". (1 Timóteo 6;10) Focar no dinheiro leva a ganância, egoísmo, ambição e orgulho. Jesus disse, "Nenhum servo pode servir a dois senhores; pois odiará a um e amará ao outro, ou se dedicará a um e desprezará ao outro. Vocês não podem servir a Deus e ao Dinheiro". (Lucas 16;13)

Mito 2: É um pecado ser rico. A Bíblia não fala que é pecado ser rico. Muitos homens da Bíblia, que eram justos, também eram ricos: Abrahão, José, Jó, Rei Davi, Rei Salomão. Na realidade, "Do Senhor é a terra e tudo o que nela existe, o mundo e os que nele vivem, " (Salmos 24:1) somos meros mordomos de tudo que pertence a Deus.

Mito 3: É pecado ser pobre. Alguns acreditam que se tiverem fé o bastante, Deus irá abençoar com riquezas materiais juntamente com mais do que desejarem. Alguns chamam isso de Teologia da prosperidade. Eles acreditam que a falta de riquezas-prosperidade é resultado da falta de fé. Ou também que aqueles que não tem nada é porque faltam em fé. A verdade é que Deus não prometeu riquezas para aqueles que são fiéis. Ele prometeu atender às nossas necessidades: "O meu Deus suprirá todas as necessidades de vocês, de acordo com as suas gloriosas riquezas em Cristo Jesus. " (Filipenses 4:19)

Os EUA lideram o mundo em muitas áreas, mas a média de Americanos que poupam dinheiro é menor do que o número de indivíduos em qualquer outro país. De acordo com a *Business Week Magazine*,[17] americanos poupam em média 3,9% de seus salários, comparados com 11,7% dos alemães, 14,3% dos suíços, 38% dos chineses. A maioria dos americanos não sobreviveriam financeiramente sem receber salário por 6 meses.

*Pesquisas mostram que a média das famílias americanas gasta mais de 80% de seus recursos financeiros em pagamentos de dívidas*

---

[17] Christopher Power, "How Household Savings Stack Up in Asia, the West, and Latin America," posted June 10, 2010, BloombergBusinessweek Magazine, http://www.businessweek.com/magazine/content/10_25/b4183010451928.htm (accessado Junho 25, 2012).

Essa falta de habilidade em poupar tem consequências adversas. Por exemplo, quando emergências ocorrem (e elas vão ocorrer), a falta de ter uma poupança estressa a relação e prejudica o orçamento. Casais podem ser forçados a pegar empréstimos, obter dívidas e pagar juros. Pesquisas mostram que a média das famílias americanas gasta mais de 80% de seus recursos financeiros em pagamentos de dívidas.

A maioria dos casais possuem problemas financeiros por uma dessas razões a seguir:

Falta de planejamento ou organização. O provérbio, "Falhar em planejar é planejar falhar, " é muito usado pelo autor Alan Lakein. Nós temos a tendência de ser emocionais com dinheiro. Quando emoções são altas, é fácil cometer erros financeiros. Porém, se desenvolvermos um plano quando não estivermos com nosso lado emocional aflorado, nós temos mais chances de trabalharmos juntos para atingir o objetivo.

Falta de conhecimento financeiro. Devemos sempre ser alunos nesse tema de princípios financeiros. É importante que ambos, esposa e marido estejam informados sobre finanças familiares.

Falta de independência financeira. Quando nos tornamos adultos, normalmente nos tornamos independentes. Essa mudança nem sempre é fácil e as vezes, podem haver obstáculos. Se você ou seu conjugue forem dependentes de outros- talvez devido a circunstâncias inesperadas- esforcem-se para obter independência financeira. Não contem com heranças futuras, que também não deixa de ser uma forma de dependência financeira, porque as coisas podem mudar, as vezes pode receber menos do que esperava. Nós devemos sempre praticar a mordomia vivendo de acordo com a nossa realidade do momento.

Falta de encarar a realidade financeira. As vezes nós falamos para nós mesmos que iremos começar uma organização financeira logo após ter concluído uma compra. Isso é como pensar que vai começar uma dieta amanhã, depois de comer uma caixa de chocolate hoje! As vezes as pessoas procrastinam o início de uma administração financeira positiva porque preferem negar a situação. Infelizmente, uma compra a mais, cava ainda mais o seu buraco de dívidas.

Falta de contentamento financeiro. Não importa quanto a gente tem, é fácil querer ainda mais. O apóstolo Paulo escreveu, "Sei o que é passar necessidade e sei o que é ter fartura. Aprendi o segredo de viver contente em toda e qualquer situação, seja bem alimentado, seja com fome, tendo muito ou passando necessidade" (Filipenses 4;12) Nós devemos praticar a gratidão pelo o que temos.

Falta de habilidade em esperar. Mais do que nunca, vivemos em uma sociedade instantânea- *fast food,* vídeo, remédios instantâneos, compras online. Nós queremos o que queremos, e queremos AGORA! A compra fácil usando cartão de crédito, aumenta a dívida. Nós precisamos ter disciplina com nosso dinheiro.

Muitos acreditam que a segurança financeira está baseada no quanto de salário ganham. Esse é apenas um fator dentre muitos. Quanto você ganha, quanto você gasta, e como você usa o que ganha e investe o que ganha. Nem sempre poderá controlar o quanto ganha, porém poderá controlar o quanto gasta. Determine como irá juntar e planeje o quanto irá investir.

Considere como a decisão de dois casais afetou a segurança e o futuro financeiro:

Trevor e Julie eram professores de escola pública. Eles tinham três filhos. Trevor trabalhava na escola de verão todo ano (férias) e ganhava um salário extra ensinando direção antes e depois da escola. Exceto pela casa e carro que possuíam, não compravam nada que não pudessem pagar. Então evitavam fazer dívida, não pagavam juros e taxas de cartão. Eles pagavam o cartão a vista, todo mês. Ele usavam carros usados por no mínimo 7 anos. Com um bom planejamento eles conseguiam pagar viagem de férias com as crianças, todo ano (até já foram para Austrália). Quando as taxas de juros diminuíram, eles refinanciaram a casa deles com um empréstimo de 15 anos. Ao chegarem nos 65 anos, eles eram proprietários da casa, sem dívidas, tinham dois carros já pagos, e todos os três filhos haviam se formado na faculdade. Eles iriam ter uma aposentadoria confortável.

Cliff e Andrea trabalhavam com vendas, e ganhavam muito bem, e sempre recebiam pagamentos com bônus. Eles tinham uma filha, Sarah. Por terem trabalhos que exigiam muito tempo deles, eles comiam fora sempre, pagavam um jardineiro, uma arrumadeira, lavavam os carros em postos específicos toda semana, além de lavarem suas roupas na lavanderia. Eles acreditavam que como trabalhavam com vendas a imagem era tudo. Eles queriam mostrar o quão bem-sucedidos eram, então de 3 em 3 anos alugavam novas Mercedes. Todo ano eles aproveitavam as férias em cruzeiros ou locais tropicais. Como a casa havia sido valorizada, eles também refinanciaram a casa e pegaram o dinheiro para sustentar o custo de vida que tinham. Quando a economia caiu, os salários que recebiam diminuíram. Eles continuaram a gastar no mesmo nível usando cartões de crédito, esperando que a economia fosse melhorar. Quando Sarah estava pronta para entrar na universidade, eles estavam totalmente endividados. Por mais que tivessem prometido a Sarah que ela estudaria em uma universidade particular onde moraria, a única opção que tinham era a faculdade onde moravam, assim ela moraria em casa e estudaria perto. Após esse ocorrido, Sarah teve que pegar dois empréstimos para pagar os últimos dois anos de faculdade. Com algumas economias, Cliff e Andrea sacaram os fundos de aposentadoria para pagar contas de emergência, taxas. Eles chegaram aos seus 65 anos sabendo que precisariam adiar a aposentadoria por anos.

Cliff e Andrea ganhavam muito mais que Trevor e Julie. Porém, Trevor e Julie administravam seu dinheiro de forma responsável. Eles faziam escolhas racionais e cuidadosas, poupavam dinheiro, investiam e viviam de acordo com o que tinham.

## Algumas dicas para ajudar você com seu planejamento

- Pegar emprestado não é pecado, mas a ligação com a dívida é. Te faz ser um escravo de quem te emprestou.

"Não devam nada a ninguém, a não ser o amor de uns pelos outros" (Romanos 13:8).
- A família comum americana recebe mais de trinta ofertas de cartões de crédito a cada ano; a dívida média de cartão de crédito por família é de $ 15.956.[18] Muitos de nós precisam de cirurgia plástica: é preciso cortar os cartões que nos permitem adquirir essas dívidas.
- Seu registro de gastos revela o que você valorize mais. Veja se o seu registro reflete realmente o que deseja.
- Antes de realizar uma compra se pergunte: (1). Eu realmente preciso disso? (2). Eu posso pagar por isso? (3). Isso vale o que custa?
- Toda vez que comprar algo, pague a compra em dinheiro. Cartão de crédito, cheques faz a compra parecer ilusória e o dinheiro fácil demais.
- Calcule o gasto de acordo com o que ganha por hora, liquido. Calcule quantas horas teria que trabalhar para pagar aquilo. Se você ganha 20 dólares por hora-bruto, você provavelmente ganha 13 dólares liquido. Se jantar e cinema custam 40 dólares, você teria que trabalhar mais de 3 horas para pagar essa despesa.
- Viva cada dia como se fosse o ultimo mas planeje suas finanças como se fosse viver eternamente.
- Garanta que tenha seguro para cobrir perdas catastróficas: saúde, vida, acidente, seguro locatário. Para economizar dinheiro, opte por seguro de vida de maior dedutibilidade sobre o prêmio final, os quais sacrificam menos sua renda mensal.
- De início, opte por um seguro de vida que proteja a pessoa contra acidentes por um tempo determinado.
- Tenha somente um cartão de crédito (a menos que precise de um para o trabalho—então tenha dois).
- Evite comprar qualquer coisa com cartão de crédito a menos que tenha o dinheiro para pagar a conta quando chegar. Juros de cartões de crédito são muito altos.
- As vezes dinheiro é usado para controlar um conjugue. Nunca use dinheiro para ter controle de algo.
- Mantenha o registro de seus cheques e conta corrente, antes de preencher um cheque, insira o valor no registro

---

[18] Ben Woolsey and Matt Schulz, "Credit card statistics, industry facts, debt statistics," posted February 28, 2012, CreditCards.com, http://www.creditcards.com/credit-card-news/credit-card-industry-facts-personal-debt-statistics-1276.php (accessed June 25, 2012).

- *The Millionaire Next Door* fala que a maioria dos milionários mora em suas casas por 20 anos. A maioria nunca gastou mais de $400 em um terno ou $250 em um relógio. Milionários não extravagantes nos gastos, mas também não se privam. Eles simplesmente não vão com a maré. Pode ser dito que uma pessoa rica não é aquela que possui mais bens materiais, mas aquela que é contente com o mínimo.

## Talvez você precise de aconselhamento financeiro se ...

Se você se encaixar em uma das quatro categorias, você precisa de ajuda:

- Gasta com impulsividade. Se você geralmente compra coisas quando seus olhos brilham, você pode ser um gastador impulso.
- Compulsivo. Se você sente muita vontade de gastar quando está chateado, você é compulsivo. Sua atenção está mais focada no ato de comprar ao invés da necessidade do produto.
- Gasta muito com coisas específicas. Se o som do seu carro é mais caro do que o seu carro. Você se enquadra aqui. Você gosta de gastar muito com detalhes menores, objetos de coleção etc.
- Gastador a procura de status. Se você gasta seu dinheiro em itens para impressionar pessoas você está nessa categoria.

*"Deus nos deu 2 mãos, uma para receber e outra para dar"*
*—Billy Graham*

## Quais são os três melhores investimentos?

### *(cenário americano)*

#1    Invista em Deus e no trabalho Dele. Todo o dinheiro e riqueza é de Deus. Billy Graham disse, "Deus nos deu 2 mãos, uma para receber e outra para dar, Não somos cisternas para acumular dinheiro, somos canais criados para doar."[19]

---

[19] Billy Graham, "Billy Graham Quotes," BrainyQuote, http://www.brainyquote.com/quotes/authors/b/billy_graham.html (accessed June 25, 2012).

#2  Invista em um lar. Um investimento primário é o único que pode residir em, receber dedução de imposto e vender após fazer moradia de 2 anos, obtendo lucro e isenção de até U$500,00 por casal. Além disso, você pode aproveitar o princípio de "alavancagem financeira", veja os dois cenários:

- Você compra uma casa por $500,000 a vista. O imóvel valoriza em 10%. O lucro em seu investimento será de $50,000, ou 10%.
- Você compra uma casa por $500,000. Você paga $100,000 e financia o restante. O imóvel valoriza em 10% do valor total do imóvel. O retorno em seu investimento de $100,000 seria de $50,000 ou 50%. Então você recebe 50 % ao invés de 10%.

#3  Invista em um fundo de aposentadoria. Pesquisas mostram que 87% dos Americanos não poderão se aposentar aos 65 anos. Muitos casais não têm feito conta de aposentadoria como uma prioridade. Eles adiam esse investimento achando que poderão deixar para depois. Porém, o melhor a se fazer é começar desde cedo- alguns até acham que é melhor fazer isso antes do que comprar uma casa. Uma conta de aposentadoria permite que valores sejam transferidos em um investimento e podem ser retiradas quando se aposentar.

*(Lembrando que as informações acima são relevantes a economia americana)*

Após investir em Deus, em um lar, aposentadoria, você poderá achar outras opções de investimento. Aqui vão algumas dicas:

- Fique longe de esquemas "fique rico rápido". Eles mal trabalham, e quando trabalham irão tentar você a procurar outro emprego, e aí você pode perder tudo. Às vezes, os melhores investimentos são aqueles que não fazemos.
- Invista no que você entende. Se você não tem conhecimento em uma área, procure ajuda profissional. Peça opinião antes de investir. Antes de contratar uma consultoria em finanças, faça seu dever de casa. Sempre vá atrás de indicações boas. Algumas consultorias

cobram taxas, outras cobram comissões e outras trabalham com uma combinação dos dois. Seria melhor contrata alguém que cobre por hora ou que tenha um valor fixo, para que se sintam estimulados a ajudar você a organizar tudo da melhor forma.
- Nunca pegue empréstimo para investir. Se o seu investimento não funcionar, você estará preso com uma dívida a pagar.
- Crie memórias. Se você é o responsável financeiro em sua família e é um dos 10% na sociedade que se encaixa no perfil de ser econômico, tenha certeza de gastar um dinheiro criando memórias com sua família. Tirem férias, comprem presentes e celébrem dias especiais.

Se você hoje pratica os princípios financeiros com o que tem, independentemente de seu estado financeiro, suas finanças irão crescer de forma gradual. Você conseguirá administrar suas finanças.

---

Por favor, responda as perguntas seguintes independente de seu conjugue. Não compare respostas até a próxima sessão.

1. O Em uma escala de 1 a 10 (10 sendo o melhor), como é sua habilidade de administrar dinheiro?

2. Qual dos dois paga as contas? Por quê?

3. Preencha a lacuna. Eu acho que uma despesa discricionária acima do valor seguinte deverá ser acordada por ambos, marido e mulher:

R$_____

4. Identifique no que seu conjugue gasta dinheiro que você não entende o motivo e a importância.

5. Se vocês ganharam uma quantia de R$50,000 em um sorteio, o que vocês fariam como um casal?

6. Qual o seu *Score* de crédito?

7. Qual é a sua maior preocupação com relação a finanças?

8. Completem um orçamento anual e um documento com a demonstração financeira do patrimônio líquido, façam isso juntos como casal. Vocês podem usar o guia na próxima página para ajudá-los.

## Orçamento anual

- Para saber a porcentagem, divida o valor anual das despesas pelo lucro líquido anual.
- Seu orçamento total anual deve corresponder ao lucro líquido anual.
- Seu lucro líquido anual é seu lucro bruto menos as taxas.
- Se você possui mais lucro dos que despesas, adicione o montante a poupanças para equilibrar seu orçamento.

| Categoria | Porcentagem | Valor anual |
|---|---|---|
| 1. Dando para Deus | % | $ |
| 2. Moradia (hipoteca ou aluguel) | % | $ |
| 3. Comida | % | $ |
| 4. Despesas com o carro(s) | % | $ |
| 5. Seguro (casa, carro, saúde, vida, etc.) | % | $ |
| 6. Dívida | % | $ |
| 7. Médico/dental | % | $ |
| 8. Roupas | % | $ |
| 9. Poupança | % | $ |
| 10. Entretenimento | % | $ |
| 11. Utilidades | % | $ |
| 12. Celular | % | $ |
| 13. Conta Tv a cabo | % | $ |
| 14. Outros | % | $ |
| Total* | 100% | $ |

\* Deverá ser igual ao lucro líquido anual.

## Demonstração financeira do patrimônio

Complete com seu conjugue

| Ativos-Bens | Valor |
|---|---|
| 1. Dinheiro na mão (economias, dinheiro de mercado etc.) | |
| 2. Ações, fundos, títulos | |
| 3. Participação em sociedades | |
| 4. Casa própria (valor do mercado atual) | |
| 5. Outro imóvel (valor do Mercado atual) | |
| 6. Notas e escrituras (as que você é o beneficiário) | |
| 7. Plano de aposentadoria | |
| 8. Móveis, joias (valor em dinheiro) | |
| 9. Automóvel | |
| 10. Coleções | |
| 11. Miscelânea (outros bens) | |
| **12. Total   (adicionar +)** | |

| Passivos-Débitos | Valor |
|---|---|
| 13. Hipoteca | |
| 14. Empréstimo de veículo | |
| 15. Cartão de Crédito e débito | |
| 16. Outros empréstimos | |
| 17. Contas grandes | |
| 18. Misc. (outros gastos) | |
| **19. Total   (adicionar +)** | |

| Total | Valor |
|---|---|
| 20. Total de ativos | |
| 21. Total de passivos | |
| **22. Valor líquido (Total do ativo menos o total do passivo)** | |

## Capítulo 17

## Metas do casamento

*Consagre ao Senhor tudo o que você faz, e os seus planos serão bem-sucedidos—Provérbios 16:3*

Um local favorito de nossa familia (Ed e angie) para passar as férias é o lago. Nós gostamos de assistir os veleiros serenamente velejando no lago. Quando um barco viaja de um porto para o outro, a viagem não é em linha reta. A mudança do vento faz o capitão mudar as velas sempre, para frente, para trás, corrigindo a direção para manter o percurso correto.

O casamento demanda a mesma prática de navegação. Pensar que você sempre estará na direção perfeita é errado. Por isso é importante direcionar o casamento de forma consciente para a direção que deseja.

Ao longo dos anos, o casamento melhor ou piora. Eles nunca ficam igual. Ao escolher participar desse programa de mentoria você escolheu navegar em uma direção que irá fortalecer o seu casamento. Nós queremos terminar o programa, ajudando você a colocar no lugar uma estratégia para continuar a nutrir e fazer crescer o seu casamento na unidade que Deus projetou para abençoar você. "Em seu coração o homem planeja o seu caminho, mas o SENHOR determina os seus passos." (Provérbios 16:9).

Um passo importante para se navegar bem em seu casamento é estabelecer algumas metas que agradem a Deus. Então vamos olhar alguns passos básicos e estabelecer planos futuros para seu casamento.

1. Pense sobre as metas que deseja estabelecer. Quando forem estabelecer metas para o casamento, façam isso juntos. Ambos devem opinar no

processo. Trabalhem em equipe. Concordem no estabelecimento das metas. Após discutirem sobre as metas, escolham alguns objetivos legais que ambos vão querer realizar.

2. Ore a Deus por direção em suas metas. Provérbios 3;5-6, "Confie no Senhor de todo o seu coração e não se apoie em seu próprio entendimento; reconheça o Senhor em todos os seus caminhos, e ele endireitará as suas veredas. " Como somos burros em viajar pelas nossas vontades quando Deus promete, " `Porque sou eu que conheço os planos que tenho para vocês´, diz o Senhor, `planos de fazê-los prosperar e não de causar dano, planos de dar a vocês esperança e futuro, " (Jeremias 29;11). Podemos não saber o que o futuro guarda para nós, mas nós sabemos quem segura nosso futuro-DEUS! Ele tem grandes planos para nós. Consulte Ele.

3. Escreva os seus objetivos/metas. Seja específico e coloque uma linha do tempo com datas para alcançar. Pesquisas mostram que pessoas que escrevem suas metas, cumprem muito mais do que aqueles que não escrevem. [20]

4. Criem ações para ajudá-los a alcançar cada meta. Escrever uma meta e achar que ela por si própria irá se cumprir é ilusão. Tomada de ações irá ajudar nisso. Por exemplo, se o seu objetivo é se juntar a um grupo pequeno, você deverá cumpris os seguintes passos: (1) Contatar a igreja para achar um grupo pequeno disponível; (2) Estabelecer um tempo e local para vocês conversarem sobre qual grupo visitar, (3) Estabelecer uma data que irá contatar o líder do grupo para expressarem o interesse. Lembrem-se que a forma que vivemos nossos dias é a forma como vivemos nossas vidas. Se vivermos nossos dias sem tomada de decisões, sem agir, nossas vidas irão refletir falta de ação e nós não iremos progredir em direção as metas.

*Um passo importante para se navegar bem em seu casamento é estabelecer algumas metas que agradem a Deus*

---

[20] Sid Savara, "Writing Down Your Goals—The Harvard Written Goal Study. Fact or Fiction?" Personal Development Training with Sid Savara, http://sidsavara.com/personal-productivity/fact-or-fiction-the-truth-about-the-harvard-written-goal-study (accessed July 4, 2012).

Pequenos passos, são pequenos objetivos em direção a um objetivo bem maior. Quando Sea World queria ensinar a baleia Shamu a pular por cima de uma barra a 9 metros da água, os treinadores começaram a treinar Shamu aos poucos. Começaram fazendo ela pular sobre uma corda no fundo da piscina. Eles premiavam a baleia toda vez que ela conseguia. Foram aumentando a altura da corda acima da piscina aos poucos. Eles atingiram a maior meta com passos pequenos.

5. Reveja suas metas, estabeleça um momento para revver isso, para ter certeza que está na direção certa. Nesse momento você pode celebrar os passos que estabeleceu ou fazer ajustes.

Existem muitas metas que você e seu conjugue podem estabelecer no casamento. Abaixo seguem algumas categorias que poderá considerar.

Metas espirituais. A meta principal é manter Deus no centro do casamento. Isso pode ocorrer ao se juntar a grupos pequenos da igreja, estabelecer um momento para orar em casal, ler a Bíblia juntos. Pense também sobre características que quer melhorar, ache um verso na Bíblia que reflita a mudança que deseja em você. Por exemplo, se geralmente você fala muito em conversas, "Meus amados irmãos, tenham isto em mente: Sejam todos prontos para ouvir, tardios para falar e tardios para irar-se, " (Tiago 1:19). Foque no verso que escolheu por um ano e observe as mudanças que Deus está fazendo em você. Imagine só, depois de dez anos fazendo isso você vai ter melhorado em dez aspectos de sua personalidade.

Tempo de qualidade para o outro. Estabeleça uma meta para investir em um tempo especial com seu conjugue. Pode ser, caminharem juntos 3 vezes na semana, encontros semanais a noite, uma aula em algum curso.

Metas da família. Embora esse programa foque na sua relação marido-esposa, se vocês tem familiares morando com vocês, estabeleçam um tempo de qualidade para a família. Você pode querer reunir a família para um filme, ou saídas com as crianças. Talvez, vocês possam desafiar as crianças a procurarem um versículo bíblico para memorizarem por um ano. Quanto mais trabalharem em equipe, de forma saudável e amorosa, melhor. O melhor presente que pode dar aos seus filhos é amar seu conjugue.

Planos de férias. As vezes o aperto financeiro limita o orçamento, limitando os planos de férias, mas isso não deve desanimar vocês de tirarem um tempo para férias juntos todo ano. A questão é, não importa o preço das férias, o que importa é que tirem férias juntos. Podem fazer algo simples em casa, ir à praia, fazer um picnic, fazer trilha, acampar, usem a imaginação!

Metas pessoais. Tenha suas metas. O voto de se tornarem uma só carne não significa que não pode ter metas pessoais e individuais. Você pode querer ter uma aula de dança, entrar para o futebol, praticar algum hobby, começar um clube de livro, aprender uma nova habilidade. Querer crescer como pessoa, é muito bom porque também aguça o interesse do conjugue e estimula a relação. Encoraje seu conjugue a estabelecer metas pessoais também.

Financial goals. Nós cobrimos metas financeiras detalhadamente no último capítulo. Revisem estas metas anualmente, ou quando as finanças tiverem alguma alteração. Lembrem-se, https://wwws.mint.com é um recurso online gratuito para ajudá-los a avaliar suas metas.

Metas para saúde e corpo. Vocês dois irão aproveitar juntos a vida ainda mais se ficarem saudáveis e em forma. Estabeleçam metas para manterem a saúde. Se apoiem nessa área, sem críticas.

Você pode ter percebido que não listamos metas profissionais. Essas metas também são profissionais, mas tenham garantia de que não deixarão de dar atenção ao casamento de vocês. Pesquisas mostram que quando se mantem o casamento como prioridade, você será beneficiado em todas as áreas da sua vida. [21]

*Não tem nada mais importante para sua carreira do que ter um casamento alegre.*

---

[21] Tyler Ward. "3 Things I Wish I Knew Before We God Married." http://www.tylerwardis.com/3-things-i-wish-i-knew-before-we-got-married/#more-794 (accessed December 8, 2014).

Não tem nada mais importante para sua carreira do que ter um casamento alegre.

Nós estávamos recentemente em uma cafeteria e ouvimos um senhor mais velho perto de nós falar para sua esposa dando gargalhadas, "Se eu soubesse que iria viver até agora, eu teria me cuidado mais. " Olhar para trás com arrependimento não é algo agradável. Fazer retrospectiva dá clareza. Existem muitas formas de completarmos a afirmação do senhor, "Se eu soubesse _____. Eu iria _____. " É nossa oração que vocês investirão tanto no casamento de vocês que no futuro olharão para trás com prazer e alegria.

---

Por favor, respondam as seguintes perguntas independente de seu conjugue. Não compare as respostas até a próxima sessão.

1. Qual versículo Bíblico você gostaria de usar para memorizar este ano? Este versículo deve focar em ajudar você a melhorar em uma área de sua vida.

2. Liste algumas ideias para suas metas nas áreas seguintes:

| Tipo de meta | Ideias |
|---|---|
| Espiritual | |
| Tempo de qualidade | |

| | |
|---|---|
| Família | |
| **Tipo de meta** | **Ideias** |
| Férias | |
| Pessoal | |
| Saúde e boa-forma | |

3. Marque um encontro com seu conjugue para desenvolver metas de casal para o próximo ano. Escreva datas específicas, hora e local abaixo.

## Capítulo 18

## Mantendo a chama acesa

*O temor do Senhor é o princípio da sabedoria, e
o conhecimento do Santo é entendimento.*
—*Provérbios 9:10*

VÁ ATÉ A PÁGINA INICIAL E LEIA sua resposta na pergunta número 2 (capítulo 1). O quanto você acha que alcançou ao longo nesse programa?

O propósito desse programa de mentoria matrimonial é revelar as vontades de Deus para o casamento. O objetivo não é dar a casa pronta, mas sim dar as ferramentas para construírem uma casa de acordo com a vontade de Deus.

Conhecimento se vai com o tempo, a não ser que atualize o que aprendeu. Esse capítulo foi projetado para proporcionar um recurso para que de vez em quando vocês voltem a utilizar. Assim irão revisar o que aprenderam e poderão sempre dar uma levantada na relação.

Funciona assim. Marque um momento, pelo menos bimestral, para revisar com seu conjugue as 21 perguntas abaixo. Esperamos que consigam responder as perguntas com respostas positivas. Porém, algumas de suas respostas irão revelar as áreas para melhorarem na relação. Cada pergunta será seguida por um encorajamento naquele tema, te guiando para o capítulo específico do tema.

Leia todas as 21 perguntas antes de responder as 2 perguntas do fim deste capítulo.

### 1. Os 3 tipos de amor (Eros, Filos, Ágape) estão presentes em seu casamento?

Revise a lista de 10 coisas que você ama em seu conjugue. Discutam como você pode expressar os 3 tipos de amor de forma integral. Deixe a lista disponível para consultar sempre. Sempre que ficar desanimado com seu casamento leia a lista. Uma coisa que ajuda muito quando se está decepcionado com o conjugue é substituir um pensamento negativo por pensamentos de gratidão. Estudos mostram que somente podemos focar em 1 emoção por vez. Escolha amar. (Capítulo 2)

## 2. Vocês já perdoaram tudo que tinham para perdoar?

Garanta que o perdão transborde livremente entre vocês, para conflitos grandes ou pequenos. Pratique o perdão, não colecione mágoas. Deus perdoou nossos pecados. Ele quer que a prática do perdão esteja ativa entre nós. "Suportem-se uns aos outros e perdoem as queixas que tiverem uns dos outros. Perdoem como o Senhor lhes perdoou. " (Colossenses 3;13). Nós perdoamos pela fé, por obediência a Deus. Deus quer que amemos o próximo e Ele. Esse amor que Ele fala é uma escolha, não um sentimento. Nós precisamos confiar em Deus para que Ele cumpra a vontade Dele em nós. Faça com que a questão seja entre você e Deus, não entre você e seu conjugue. Volte seu coração para Deus. Corrie tem Boom, uma cristã que sobreviveu a um campo de concentração nazista, diz que "o perdão é a chave para abrir a porta do ressentimento e as algemas do ódio. É um poder que quebra as correntes da amargura e os grilhões do egoísmo.[1]" Uma das ações mais amáveis que você pode ter é perdoar. (Capítulo 3).

## 3. Você está vivendo o propósito bíblico para maridos e esposas, de acordo com Efésios 5;21-33?

Nós precisamos entregar nossas vidas em adoração a Cristo. Uma hora ou outra, a esposa irá ter que dar satisfações a Deus com relação a seu comportamento perante seu conjugue se está sendo submissa a liderança de seu esposo, se ele está ou não tomando decisões boas. O marido também irá ter que dar satisfações a Deus em como ele está tratando sua esposa, independentemente se ela o respeita ou não/se é submissa ou não.

Quando seu conjugue escorregar em sua vida com Deus, no casamento, leve suas frustrações ao altar de Deus. Confie em Deus para suprir suas necessidades e Ele te encherá de amor para levar para dentro de sua relação. Fazendo isso, ao invés de esperar perfeição, você estará olhando para a resposta perfeita do Deus perfeito. (Capítulo 4)

**4. Vocês estão orando juntos com frequência?**

Se não estiverem, marquem um momento pelo menos uma vez na semana para orarem juntos. Lembrem, Deus quer abençoas seu casamento além de sua imaginação, mas você precisa convidá-lo a entrar e seguir à vontade Dele. Não há nada mais importante que colocar Deus no centro de seu casamento. (Capítulo 4)

**5. Você continua a compartilhar com seu conjugue como ele ou ela pode orar por você?**

Oração é uma das formas mais amáveis e expressões íntimas que pode ser trocada entre um marido e esposa. Depois que vocês compartilharem os pedidos de oração um com o outro, orem em voz alta juntos pelo outro. (Capítulo 4)

**6. Seu conjugue está atendendo suas necessidades?**

Você pode desejar encontros toda semana, tempo de qualidade para conversar, se divertir, ter sexo, ser mais transparente com as finanças, cozinhar juntos, fazer mais exercício, ficar mais com a família e amigos, ouvir mais afirmações positivas, ter mais conversas íntimas, abertas e honestas. Compartilhe seus desejos de uma forma amável com seu conjugue. Nós não devemos olhar para nosso conjugue achando que ele ou ela tem o dever de nos fazer felizes. Existem momentos quando você deve compartilhar expectativas e necessidades com seu conjugue, e existem momentos em seu casamento quando será mais vantajoso tirar o foco de fazer suas necessidades serem atendidas, criando expectativas em Deus. Filipenses 4;19 nos assegura, "Deus irá atender todas suas necessidades de acordo com suas gloriosas riquezas em Cristo Jesus." Livro de Bob e Judy Hughes, *Love*

*Focused*, é um excelente livro para entender esse conceito melhor. Eles também possuem um estudo Bíblico que vocês podem fazer juntos. (Capítulo 5)

**7. Vocês escolheram um rei / rainha do dia?**

Compartilhe com seu conjugue o que você gostaria que ele ou ela fizesse para você em seu dia. Fique atento para atender os desejos de seu conjugue no dia dele/dela. Lembre-se, isso realmente pode ser um desafio para você! (Capitulo 5)

**8. Existe alguma área em que seu conjugue não está sendo bem-sucedido no casamento?**

Deus dá instruções específicas para maridos amarem suas esposas assim como Cristo amou a igreja e também instrui as esposas a respeitarem seus maridos e serem submissas a liderança deles na família. De forma amável, conversem sobre áreas que precisam melhorar e compartilhem o que "melhorar" significa nesse caso específico. (Capítulo 5)

**9. Na maioria das vezes estão vivenciando a parte boa do casamento?**

Casamento tem momentos, a parte boa, maré boa -uma doçura na relação ou quando tudo está meio azedo, esquisito. Se vocês não estão na maioria do tempo aproveitando a parte boa, revejam as 18 habilidades para permanecerem nessa maré boa do casamento. Lembrem-se que se estiverem se divertindo então está tudo bem, se divertir é um bom sinal. (Capítulo 6)

**10. Vocês estão lidando efetivamente com a incompatibilidade de vocês?**

Um bom casamento não é baseado em casar com alguém compatível, porque Deus não cria ninguém perfeitamente compatível; é baseado no aprendizado de como lidar efetivamente com suas incompatibilidades. Tente fazer com que isso vire seu mantra. Se estão com dificuldades nessa área, em suas incompatibilidades, considerem fazer o teste Myers-Briggs Type Indicator. Instrumento que identifica seu estilo de personalidade (http://www.16personalities.com oferece teste gratuito online). Lembrem-se não há certo e errado. Ambos são imagem de Deus. Se esforcem para se tornarem mais compreensivos com o fato de que ambos encaram a vida de forma diferente. (Capítulo 7)

**11. As diferenças de homem e mulher estão causando atrito em seu casamento?**

Homens e mulheres possuem sistemas operacionais diferentes. Nós nunca vamos entender completamente o sexo oposto, mas podemos nos educar a entender o que é importante pro outro. Deus quer que nossas diferenças se complementem e completem o outro no casamento ao convivermos juntos. (Capítulo 8)

**12. Em uma escala de 1 a 10, o quão cheio está seu "tanque do amor"? O que seu conjugue pode fazer para ser um 10?**

Lembre-se de falar com seu conjugue na linguagem de amor dele(a). Lembre seu conjugue de falar com você na sua linguagem também. Vocês podem querer ler o livro "As cinco linguagens do amor" do autor Gary Chapman. (Capítulo 9)

### 13. Existe alguma questão de família que está causando problemas em seu casamento?

Conversem sobre como aliviar tensões familiares. Garantam que a relação de vocês seja prioridade e que estejam unidos. Quando problemas familiares surgirem, encarem juntos. Orem juntos e conversem sobre isso juntos. Se necessário, busquem ajuda profissional. Finalmente, mantenham as coisas em perspectiva, não aumentem o que é pequeno. Se não será algo que vai mudar a vida se seu filho de forma extrema, consequências naturais podem ser o melhor professor. Se familiares distantes estiverem causando problemas, mantenha um limite para proteger sua família mais próxima. (Capítulo 10)

### 14. Vocês estão se comunicando bem?

Conteúdo, tom e linguagem corporal são todos aspectos importantes de comunicação, mas escolher e ouvir o tempo apropriado para se ter uma conversa mais sensível também é importante. Trabalhem em qualquer fraqueza que tiverem na comunicação. Quando casais estão tendo problemas com a comunicação, normalmente é porque isso é um sintoma de uma questão ainda maior. Tente identificar o problema maior e daí tentem resolver com as ferramentas oferecidas nesse programa, (como as dez regras para resolver conflitos-apêndice8). Acima de tudo, sempre fale com seu conjugue de forma afetuosa. (Capítulo 11)

### 15. Vocês têm alguma questão mal resolvida no casamento de vocês?

Conflitos ocorrem em todos os tamanhos e jeitos. Em conflitos moderados, use o método *Comece ou pare, continue.* Se vocês estão passando por um conflito grande, marque uma hora para usarem as "Dez regras para resolver conflitos", no apêndice 8. (Capítulo 12)

### 16. Você está aproveitando a intimidade emocional que você quer com seu conjugue?

Você deve se sentir segura compartilhando seus pensamentos íntimos e sonhos um com o outro. É como se falasse, "Veja dentro de mim". Crescer nessa área pede por um esforço contínuo e investimento em sua relação. (Capítulo 13)

### 17. Vocês têm uma vida sexual vibrante?

Se sua vida amorosa não é como sempre desejou, a melhor forma de melhorar a intimidade física é se comunicando abertamente e honestamente um com o outro. Comunique seus desejos com seu conjugue. Seja atento e amável em realizar os desejos de seu conjugue. Tente algo legal, como tomar banho juntos. (Capítulo 14)

### 18. Seu casamento é protegido contra adultério?

É tarde demais proteger o casamento de uma traição depois que já ocorreu. Proteja seu casamento mantendo os limites certos. Conversem para saber se existe alguma área para ser discutida. (Capítulo 15)

### 19. Suas finanças estão saudáveis?

Sejam transparentes com os gastos. Reconheçam que terão formas de pensar diferentes com relação a gastar. Façam com que tudo se encaixe no orçamento, sejam compreensivos com suas diferenças. Orçamento e extratos dos gastos são formas boas de se manter nos trilhos. Uma ferramenta boa para se ter orçamento e manter a transparência é http://www.mint.com. Se vocês precisarem de ajuda extra muitas igrejas oferecem o curso Crown Ministries ou do Dave Ramswey. Procure por informações nos links seguintes: www.daveramsey.com e www.crown.org. (Capítulo 16)

**20. Vocês estabeleceram metas como casal?**

Um dos pilares do programa é ter um casamento intencional. Relacionamentos ou melhoram ou vão pioram. Nunca é o mesmo. É importante buscar sonhos e metas como casal. Para que isso ocorra você precisa estabelecer metas e tomar passos importantes. Para que metas realmente se concretizem elas precisam estar escritas e precisam ser revisadas para haver um progresso. (Capítulo 17)

**21. Vocês estão envolvidos em algum grupo pequeno para casais?**

Amizade com outros crentes é um dos meios que Deus usa para compartilhar Sua verdade conosco. Ter comunhão com outros cristãos casados poderá ajudar a enriquecer seu casamento através de experiências compartilhadas e insights divinos. (Capítulo 17)

Na maioria dos casos, esses passos serão o suficiente para colocar seu casamento nos trilhos novamente. Em alguns casos, você precisará de ajuda a mais. Se você acha que é seu caso, fale com seu pastor ou com um profissional. Seu casamento é importante. Siga os passos apropriados para garantir que sua experiência será o melhor de Deus

Você já notou que a Bíblia começa e termina com um casamento? Começa com a união de Adão e Eva, "É por isso que o homem deixa o seu pai e a sua mãe para se unir com a sua mulher e os dois se tornam uma só pessoa, " Termina com crentes sendo unidos em Cristo em casamento na ceia do cordeiro (Apocalipse 19). O casamento é uma imagem da relação que Deus almeja ter conosco. Deus não queria ter uma relação distante. Ele criou a gente para ter uma relação amorosa por toda a eternidade. Manter Cristo no foco de seu casamento, nas horas más e boas, irá te ajudar a entender o significado de ser "Feliz" para sempre!

Por favor, responda as perguntas seguintes independente de seu conjugue. Não compare as respostas.

1. Fazendo um inventário de seu casamento, hoje, usando as perguntas acima, quais áreas você identifica como necessitadas de crescimento?

2. Coloque uma data em seu calendário para uma avaliação bimestral, e fique atento. Escreva a data abaixo.

# Apêndices

Apêndice 1 □ O que significa ser uma esposa submissa?

Apêndice 2 □ O que significa ser um marido de Deus?

Apêndice 3 □ Guia para planejar um encontro com seu conjugue

Apêndice 4 □ As 5 linguagens de amor -Questionário para esposas.

Apêndice 5 □ As 5 linguagens de amor-Questionário para maridos

Apêndice 6 □ Guia-Linguagens do amor

Apêndice 7 □ Regras de discussão

Apêndice 8 □ Dez regras para resolver conflitos

Apêndice 9 □ Dez formas de ser uma esposa fantástica

Apêndice 10 □ Dez formas de ser um marido fantástico

# APÊNDICE 1

O que significa ser uma esposa submissa?

QUANDO UMA ESPOSA se submete a seu marido ela está fazendo por obediência à Deus. Jesus (que é igual, eterno com Deus Pai e o Espírito Santo) deu exemplo de submissão para nós fazendo a vontade de Deus Pai em tudo que Ele fez e falou enquanto na Terra. Uma esposa deve seguir esse exemplo ao entregar sua vida em devoção a Cristo:

- Seguir a liderança de seu esposo
- Respeitar e confiar na opinião de seu marido
- Buscar o conselho de seu marido quando tomando decisões
- Acreditar na habilidade que seu marido possui para realizar suas responsabilidades de marido.
- Ser a ajudadora de seu marido
- Honrar seu marido falando dele de forma positiva
- Louvar, afirmando e apreciando seu marido
- Trabalhar em equipe
- Ser a fã #1 de seu marido!
- Servir seu marido com amor sacrificial
- Evitar críticas não bíblicas ou murmúrios
- Não comparar seu marido de forma desfavorável a outros
- Não culpar ou controlar ele
- Não corrigir seu marido na frente de outros

Uma esposa terá que responder a Deus se não se submeter a liderança de seu marido, sejam boas ou não as decisões que ele tomar. Porém, uma esposa não deve seguir seu marido em atos pecaminosos, pois Deus é sua autoridade maior. Quando uma esposa não está feliz com a direção da liderança de seu marido, ela deverá levar suas frustrações para Deus, com um espírito ensinável. Deus pode estar trabalhando algo nela, através da obediência e submissão. Deus pode estar protegendo ela através de seu marido. Deus pode querer que ela compartilhe de forma amorosa sobre andar em outra direção se for o caso. Deus pode querer trabalhar no coração do marido enquanto a esposa submete seus desejos ao Senhor. Deus não quer a esposa sendo o Espírito Santo, ou uma "ranzinza santa". Deus quer que a esposa confie Nele, para que ela confie que Ele vai realizar seus desejos e providenciar uma resposta adequada.

Deus quer que trabalhem juntos. A esposa deve orar para que Deus mude a mentalidade de seu esposo ou o coração, se for o caso. Fazendo isso, ao invés de pedir por um comportamento perfeito de uma pessoa imperfeita, o conjugue estará olhando para a vontade de Deus que é perfeita e deixando Deus guiar.

# APÊNDICE 2

O que significa ser um marido de Deus?

- **Orar individualmente, com hora marcada.** <u>**(Ed)**</u> Eu oro a cada manhã no banho. Eu escolhi esse momento porque é uma atividade que faço diariamente. Não importa quando orar, só importa que seja consistente.
- **Oração individual aleatória.** Ore pelos eventos do dia. Por exemplo, eu costumo orar antes das reuniões, sessões de mentoria ou o tempo de encontrar famílias e amigos. Angie e eu costumamos orar silenciosamente por nossos casais durante as mentorias.
- **Oração agendada do casal/ família.** Estabeleça um horário pelo menos 1 vez na semana para a sessão de oração. Angie e eu nos encontramos 20 minutos antes de irmos para a igreja toda semana para orar como casal. Muitos casais oram juntos com mais frequência. Alguns casais oram na cama juntos todo dia. Orar com ou pela pessoa no final do dia pode ser uma das melhores preliminares.
- **Oração aleatória do casal/família.** Ore como casal para eventos especiais. Lembrem-se, vocês podem orar em qualquer local.
- **Vã a igreja.** Muitos cristãos frequentam a igreja quando é conveniente. Faça que seja prioridade.
- **Invista tempo na Palavra de Deus.** Essa é a forma que Deus tem para falar conosco e uma relação precisa de comunicação bilateral. Quanto mais compreendermos da Palavra, melhor estaremos para lidar com as coisas do mundo.
- **Dê seu tempo, dom e tesouros para Deus.** Uma forma ótima de dar seu tempo e dons para Deus é se envolver em um ministério. Quando eu e Angie entramos no Ministério de noivos na igreja, nós fizemos para retribuir a Deus. Poucos

sabíamos que Deus iria derramar bênçãos sobre nós. Lembre-se, seu primeiro ministério é sua família-esposa e filhos. Malaquias 3:10 Deus nos fala para testarmos Ele, Ele promete abrir as comportas do céu derramar sobre nós bênçãos sem medidas.

- **Tome decisões em Deus.** Decisões grandes requerem Deus no centro. Ore sobre isso, veja na Bíblia algo relevante, escute com cuidado a sua esposa, busque conselhos de cristãos maduros e aí tome sua decisão.
- **Ame sua esposa de forma altruísta.** Maridos são instruídos a amarem suas esposas de forma sacrificial usando Jesus como exemplo. Isso significa atuar de forma amável mesmo em condições que não são fáceis.
"Maridos, amem suas mulheres, assim como Cristo amou a igreja e entregou-se a si mesmo por ela
Da mesma forma, os maridos devem amar as suas mulheres como a seus próprios corpos. Quem ama sua mulher, ama a si mesmo.
Além do mais, ninguém jamais odiou o seu próprio corpo, antes o alimenta e dele cuida, como também Cristo faz com a igreja,
pois somos membros do seu corpo." - Efésios 5:25, 28-30

- **Ame Deus.** O maior mandamento de Deus é amar Ele com todo seu coração, alma, mente e força.
- **Ame as pessoas.** O segundo maior mandamento de Deus é amar o próximo.

# APÊNDICE 3

## Guia para planejar um encontro com seu conjugue

Qualquer um dos dois pode planejar um encontro. O encontro poderá ser de tarde ou a noite. Aqui damos dicas que ajudarão nesse evento especial.

- **Planeje seu encontro.** Ache um dia para tirar folga. Mostre que ama seu conjugue planejando com afinco esse encontro. Não precisa ser caro, mas se planejar antecipadamente mostra que se importa. Pense nas coisas que seu conjugue iria gostar. Se por algum motivo as coisas não fluírem como esperado no encontro, encare como uma aventura. O mais importante é que estarão juntos.
- **Prepare o clima já pela manhã.** *(Ed)* Recentemente eu escrevi para Angie: "De 7 bilhões de pessoas no mundo, Deus me abençoou com a melhor esposa!"
- **Construa uma expectativa boa.** Mande um torpedo ou ligue para seu conjugue para falar o quanto está ansioso/a pelo encontro de vocês.
- **Crie o ambiente.** Se forem sair, lave o carro. Coloque um perfuminho no carro. Uma música que ambos gostem. Se forem ficar em casa, acenda velas. Crie o ambiente apropriado.

## APÊNDICE 4

## As 5 linguagens de amor- Questionário para esposas

Circule a letra que corresponde mais ou menos com a resposta que se encaixa com o que sente. Circule somente 1 letra em cada grupo de perguntas. [23]

| | | |
|---|---|---|
| 1. | Eu me sinto bem quando recebo bilhetes, e-mails, mensagens fofas do meu marido. | A |
| | Eu amo os abraços do meu marido. | E |
| 2. | Eu gosto de ficar sozinha com meu marido. | B |
| | Eu me sinto amada quando meu marido lava o carro ou faz alguma tarefa doméstica. | D |
| 3. | Eu amo receber presentes especiais do meu marido. | C |
| | Eu curto viagens longas com meu marido. | B |
| 4. | Eu me sinto amada quando meu marido me ajuda a lavar as roupas. | D |
| | Eu gosto quando meu marido me toca. | E |
| 5. | Eu me sinto amada quando meu marido coloca os braços dele em volta de mim. | E |
| | Eu sei que meu marido me ama quando ele me surpreende com presentes. | C |

| | | |
|---|---|---|
| 6. | Eu gosto de ir a qualquer lugar com meu marido. | B |
| | Eu gosto de segurar a mão de meu marido. | E |
| 7. | Eu valorizo os presentes que meu marido me dá. | C |
| | Eu gosto de ouvir meu marido falar que me ama. | A |
| 8. | Eu gosto que meu marido sente do meu lado. | E |
| | Eu gosto quando meu marido fala que eu estou bonita. | A |
| 9. | Passar tempo com meu marido me deixa feliz. | B |
| | Fico feliz mesmo ganhando presentes pequenos, mas que são significativos. | C |
| 10. | Eu me sinto amada quando meu marido diz que se orgulha de mim. | A |
| | Eu me sinto amada quando meu marido me ajuda com as tarefas de casa. | D |
| 11. | Não importa o que seja, eu adoro fazer coisas com meu marido. | B |
| | Palavras de apoio me deixam feliz. | A |
| 12. | Pequenos gestos que meu marido faz significam mais que palavras. | D |
| | Eu amo abraçar meu marido. | E |
| 13. | Elogios significam muito para mim. | A |
| | Significa muito quando meu marido me dá presentes que gosto. | C |
| 14. | Só de estar perto do meu marido já me faz feliz. | B |
| | Eu amo quando meu marido me escreve uma mensagem. | E |
| 15. | Me sinto encorajada pelas reações do meu marido quando realizo objetivos ou sonhos. | A |
| | Significa muito para mim quando meu marido me ajuda fazendo algo que sei que ele não gosta. | D |
| 16. | Eu nunca me canso dos beijos do meu marido. | E |
| | Eu amo quando meu marido demonstra interesse nas coisas que eu gosto de fazer. | B |

| | | |
|---|---|---|
| 17. | Posso contar com meu marido para me ajudar em projetos. | D |
| | Eu ainda fico animada quando vou abrir presentes do meu marido. | C |
| 18. | Eu amo que meu marido me elogie. | A |
| | Eu amo que meu marido me ouça e respeite minhas ideias. | B |
| 19. | Eu não consigo evitar de tocar em meu marido. | E |
| | As vezes meu marido me ajuda com tarefas, e eu gosto disso. | D |
| 20. | Meu marido merece um prêmio por tudo que ele me ajuda. | D |
| | Eu fico maravilhada com os presentes tão significativos que meu marido me dá. | C |
| 21. | Eu amo ter a atenção total do meu marido. | B |
| | Eu amo que meu marido ajude a limpar a casa. | D |
| 22. | Eu fico ansiosa para saber o que meu marido me dará de presente no aniversário. | C |
| | Eu não me canso de ouvir que sou importante para ele. | A |
| 23. | Meu marido demonstra o amor dele me dando presentes. | C |
| | Meu marido demonstra que me ama ao me ajudar seu eu pedir por ajuda. | D |
| 24. | Meu marido não me interrompe quando estou falando. | B |
| | Eu nunca me canso de receber presentes do meu marido. | C |
| 25. | Meu marido é ótimo em oferecer ajuda quando estou cansada. | D |
| | Não importa aonde formos, contanto que estejamos juntos. | B |
| 26. | Eu amo ficar abraçada com meu marido. | E |
| | Amo ganhar presentes de surpresa. | C |

| | | |
|---|---|---|
| 27. | Palavras de encorajamento vindas do meu marido me dão mais confiança. | A |
| | Amo assistir filmes com meu marido. | B |
| 28. | Eu não poderia desejar presentes melhores do que os que ganho do meu marido. | C |
| | Eu amo que meu marido não consegue tirar as mãos dele do meu corpo. | E |
| 29. | Significa muito para mim quando meu marido me ajuda mesmo estando muito ocupado. | D |
| | Quando meu marido diz que me valoriza, me deixa muito feliz. | A |
| 30. | Eu amo abraçar e beijar o meu marido depois que nós estivemos longe. | E |
| | Eu amo quando meu marido fala que acredita em mim. | A |

---

[23] Gary Chapman, "Love Languages Personal Profiles: For Wives," The 5 Love Languages®, http://www.5lovelanguages.com/assessments/love/ (accessed June 27, 2012).

## APÊNDICE 5

## As 5 linguagens do amor- Questionário para maridos

---

Circule a letra que corresponda com a resposta que se encaixa com o que sente. Circule somente 1 letra em cada grupo de perguntas.

| | | |
|---|---|---|
| 1. | Eu me sinto bem quando recebo bilhetes, e-mails, mensagens da minha esposa. | A |
| | Eu amo os abraços da minha esposa. | E |
| 2. | Eu gosto de ficar sozinho com minha esposa. | B |
| | Eu me sinto amado quando minha esposa me ajuda no jardim ou garagem. | D |
| 3. | Eu amo receber presentes especiais da minha esposa. | C |
| | Eu curto viagens longas com minha esposa. | B |
| 4. | Eu me sinto amado quando minha esposa lava minhas roupas. | D |
| | Eu gosto quando minha esposa me toca. | E |
| 5. | Eu me sinto amado quando minha esposa me abraça. | E |
| | Eu sei que minha esposa me ama quando ela me surpreende com presentes. | C |

| | | |
|---|---|---|
| 6. | Eu gosto de ir a qualquer lugar com minha esposa. | B |
| | Eu gosto de segurar a mão da minha esposa. | E |
| 7. | Eu valorizo os presentes que minha esposa me dá. | C |
| | Eu gosto de ouvir minha esposa falar que me ama. | A |
| 8. | Eu gosto que minha esposa se sente ao meu lado. | E |
| | Eu gosto quando minha esposa fala que eu estou bonito. | A |
| 9. | Passar tempo com minha esposa me deixa feliz. | B |
| | Fico feliz mesmo ganhando presentes pequenos, mas que são significativos. | C |
| 10. | Eu me sinto amado quando minha esposa diz que se orgulha de mim. | A |
| | Eu me sinto amada quando minha esposa cozinha uma refeição para mim. | D |
| 11. | Não importa o que seja, eu adoro fazer coisas com minha esposa. | B |
| | Palavras de apoio me deixam feliz. | A |
| 12. | Pequenos gestos que minha esposa faz significam mais que palavras ditas. | D |
| | Eu amo abraçar minha esposa. | E |
| 13. | Elogios significam muito para mim. | A |
| | Significa muito quando minha esposa me dá presentes que gosto. | C |
| 14. | Só de estar perto da minha esposa já me faz feliz. | B |
| | Eu amo quando minha esposa faz massagem em mim. | E |
| 15. | Me sinto encorajado pelas reações da minha esposa quando realizo objetivos ou sonhos. | A |
| | Significa muito para mim quando minha esposa me ajuda fazendo algo que sei que ela não gosta. | D |

| | | |
|---|---|---|
| 16. | Eu nunca me canso dos beijos a minha esposa. | E |
| | Eu amo quando minha esposa demonstra interesse nas coisas que eu gosto de fazer. | B |
| 17. | Posso contar com minha esposa para me ajudar em projetos. | D |
| | Eu ainda fico animado quando vou abrir presentes da minha esposa. | C |
| 18. | Eu amo que minha esposa me elogie. | A |
| | Eu amo que minha esposa me ouça e respeite minhas ideias. | B |
| 19. | Eu não consigo evitar de tocar em minha esposa. | E |
| | As vezes minha esposa me ajuda com tarefas, e eu gosto disso. | D |
| 20. | Minha esposa merece um prêmio por tudo que ela me ajuda. | D |
| | Eu fico maravilhado com os presentes tão significativos que minha esposa me dá. | C |
| 21. | Eu amo ter a atenção total da minha esposa. | B |
| | Manter a casa limpa é um grande ato de serviço. | D |
| 22. | Eu fico ansioso para saber o que minha esposa me dará de presente no aniversário. | C |
| | Eu não me canso de ouvir que sou importante para ela. | A |
| 23. | Minha esposa demonstra o amor dela me dando presentes. | C |
| | Minha esposa demonstra que me ama ao me ajudar a cumprir tarefas pela casa. | D |
| 24. | Minha esposa não me interrompe quando estou falando, e eu gosto disso. | B |
| | Eu nunca me canso de receber presentes da minha esposa. | C |
| 25. | Minha esposa é ótima em oferecer ajuda quando estou cansado. | D |
| | Não importa aonde formos, contanto que estejamos juntos. | B |

| | | |
|---|---|---|
| 26. | Eu amo fazer amor com minha esposa. | E |
| | Amo ganhar presentes de surpresa da minha esposa. | C |
| 27. | Palavras de encorajamento da minha esposa me dão mais confiança. | A |
| | Amo assistir filmes com minha esposa. | B |
| 28. | Eu não poderia desejar presentes melhores do que os que ganho da minha esposa. | C |
| | Eu não consigo tirar as mãos da minha esposa. | E |
| 29. | Significa muito para mim quando minha esposa me ajuda mesmo estando muito ocupada. | D |
| | Quando minha esposa diz que me valoriza, me deixa muito feliz. | A |
| 30. | Eu amo abraçar e beijar a minha esposa depois que nós estivemos longe. | E |
| | Eu amo quando minha esposa fala que acredita em mim. | A |

# APÊNDICE 6

## Guia- Linguagens do amor

Quadro baseado no livro do autor Gary Chapman, *The Five Love Languages*.

| Linguagem do a | Ações | Evitar |
|---|---|---|
| Palavras de afirmação | -elogios<br>-bilhetes/cartões<br>-palavras poisitivas | Críticas |
| Tempo de qualidade | -tempo um a um<br>-face a face<br>-longas caminhadas juntos<br>-fazer coisas juntos | Interromper o momento |
| Dar presente | -dar presentes em dias especiais ou não<br>-pense mais na intenção do presente do que no valor | Não ignore datas especiais |
| Atos de serviço | -ajudar com tarefas falando coisas como ***"Como posso ajudar?"*** | Ajudar outros e não estar presente para ajudar seu conjugue |
| Toque físico | -toques<br>-abraços<br>-beijos | Toques desconfortáveis |

APÊNDICE 7

Regras de discussão

☐

1. Fale em um tom de voz calmo.
2. Não interrompa.
3. Não fale de coisas do passado.
4. Não culpe.
5. Não xingue.
6. Não critique.
7. Use argumentos com "Eu sinto", ao invés de atacar falando "Você..."
8. Fale sobre *seus* sentimentos, não do seu conjugue.
9. Nunca ameace.

## Apêndice 8

### Dez regras para resolver conflitos

1. Defina o problema a ser resolvido.
2. Marque uma hora para o encontro.
3. Marque em um local privado.
4. Comecem em oração.
5. Cada um deve compartilhar sua posição.
6. Cada um aponte o que ela ou ele faz para contribuir para o problema.
7. Cada um aponte o que ela ou ele pode fazer para ajudar a resolver a questão.
8. Concordem em uma solução aceitável para ambos.
9. Anotem a solução.
10. Terminem orando

APÊNDICE 9

Dez formas de ser uma esposa
fantástica

1. Acredite em seu marido e seja sua fã número 1.
2. Seja cuidadosa para não resmungar sobre ele. Vá a Deus para mostrar suas reclamações. Peça a Deus para te dar unidade no casamento.
3. Não é incomum para o marido ter mais desejo sexual que a esposa. Cuide das necessidades sexuais de seu marido.
4. No primeiro dia de cada mês escreva no calendário: "Como deve ser estar casado comigo?"
5. As pessoas têm a tendência a serem o que nós falamos que são. Diga para seu marido que ele é ótimo amigo, marido e amante. Ele não vai te decepcionar.
6. Quando chegar o fim do dia, e se verem, se falem de forma amável.
7. Homens são visuais, faça o melhor para cuidar de você, fique atraente para ele.
8. Lembre-se de se comunicar na linguagem de amor dele.
9. Compartilhe os mesmos hobbies com ele, seja a mulher legal e divertida com quem ele casou.
10. Coloque Cristo no centro da sua vida e no centro do seu casamento.

APÊNDICE 10

Dez formas de ser um marido fantástico

1. Sempre mostre para sua esposa o quanto ela é especial.
2. Evite ser muito crítico, o que você pode achar que é crítica construtiva, ela pode ver como um ataque.
3. Se você quiser ter uma vida sexual ótima, você deve sempre manter o romance no ar em sua relação. Leve sua esposa a encontros, namore ela!
4. No primeiro dia de cada mês escreva no calendário: "Como deve ser estar casado comigo?"
5. Escreva o aniversário de sua esposa, o aniversário de vocês, o dia dos namorados e coloque as datas no calendário. Agende um lembrete para cada dia 31 de dezembro para adicionar essas datas para o ano seguinte no calendário.
6. Elogie sua esposa, a aparência dela. Ela sabe que você visual. Seus elogios são importantes para ela.
7. As pessoas têm a tendência a ser o que nós falamos que são. Diga para sua esposa que ela é ótima amiga, esposa e amante. Ela não vai te decepcionar.
8. Lembre-se de se comunicar na linguagem de amor dela.
9. Sua esposa precisará falar. Guarde tempo para ser um bom ouvinte. Muitas vezes ela não vai querer uma solução, apenas vai querer falar. Valorize isso e a opinião dela.
10. Coloque Cristo no centro da sua vida e no centro do seu casamento.

# *Considerações finais*

Agradecemos imensamente a Jean e Jones. Vocês acolheram nossa visão com carinho ao dar atenção a cada detalhe, com críticas construtivas, edições e formatação do material.

www.ingramcontent.com/pod-product-compliance
Lightning Source LLC
Chambersburg PA
CBHW080411300426
44113CB00015B/2477